刘豹先生个人照

刘豹先生与其父刘海粟先生、学生寇纪淞合影

刘豹先生与刘海粟先生

刘海粟真迹捐赠仪式

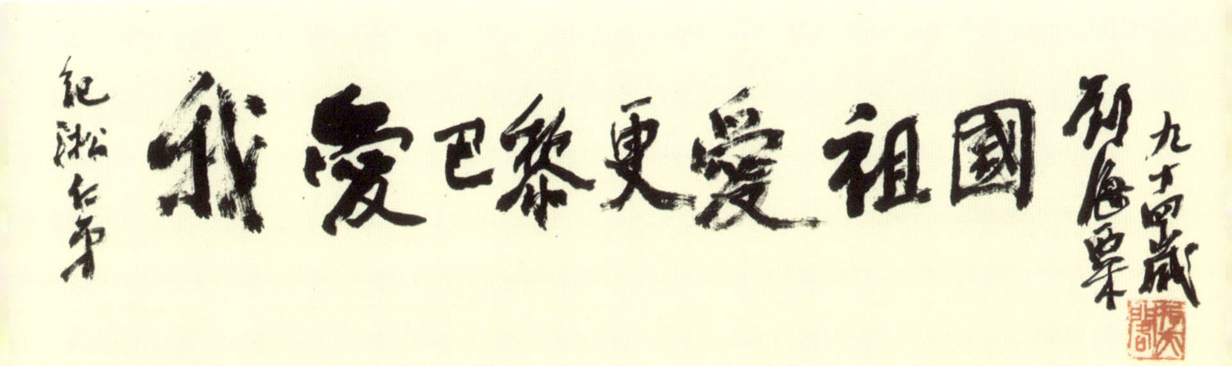

1986年，刘豹先生父亲、我国近现代著名画家、书法家刘海粟先生90岁高龄登上法国埃菲尔铁塔，并有感而发“我爱巴黎更爱祖国”。此题字于刘海粟先生94岁时所写，并赠予其子刘豹先生弟子寇纪淞。纪念刘豹先生诞辰100周年之际，寇纪淞向天津大学捐赠了刘海粟先生《我爱巴黎更爱祖国》题字。此为原版复制品，比例1:7.1，真迹保存于天津大学档案馆

1962年9月，刘豹先生(前排左七)与天津大学精密仪器系化仪自动化专业1962届学生合影

1965年，“四清”工作期间刘豹先生(右一)在社员家的土炕上看文件

1965年，刘豹先生(前排左三)从衡水返回天津大学后，在第九教学楼前与精密仪器系参加谈庄“四清”工作队的张国顺等师生合影

1954年，刘豹先生主编的中国第一部自动控制方面的专著《自动控制原理》出版

1963年，刘豹先生主编的《自动调节理论基础》出版

刘豹先生手稿

刘豹先生(右四)参加系统工程研究所博士生答辩会

1988年，刘豹先生(左二) 六十五岁及执教四十年纪念与其学生合影

1988年9月，刘豹先生在第一届国际层次分析法(AHP)学术会议上与Saaty教授亲切交谈

刘豹先生(左二)在国际层次分析法(AHP)学术会议上与学者合影

刘豹先生(左三)在国际层次分析法(AHP)学术会议上与学者合影

刘豹先生在国际层次分析法(AHP)学术会议上与学者合影

1992年，刘豹先生学生钟登华(左一)博士答辩后，与刘豹先生、张世英教授(右一)合影

2003年，庆祝刘豹先生80寿诞暨执教56周年活动举办

2003年，庆祝刘豹先生80寿诞暨执教56周年之际，学生送匾题字“高山仰止”，牌匾后刻有学生姓名

2003年，刘豹先生(左四)与学生合影

2008年10月，刘豹先生与1968届天津大学精密仪器系热工仪表及自动装置专业学生贺有恒(左一)、常恒毅(右一)合影

系统工程研究所答辩后，刘豹先生与师生合影

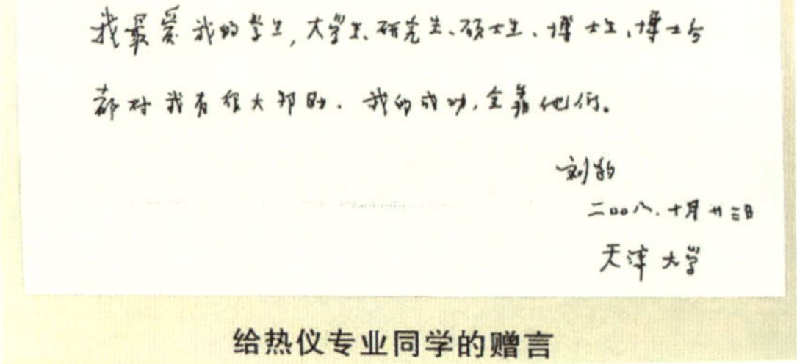

我最爱我的学生，大学生、研究生、硕士生、博士生、博士后都对我有很大帮助。我的成功，全靠他们。

刘豹

二〇〇八.十月廿三日

天津大学

给热仪专业同学的赠言

2008年10月，刘豹先生给热仪专业同学手写赠言，表达对后生的期待和深情

刘豹先生与其学生张维(左一)、李敏强(右一)合影

2018年10月24日，天津大学恢复管理教育四十周年之际，管理学院创院院长刘豹先生塑像揭幕仪式举办

《师者风骨天大十八罗汉造像》（孙列绘，369x269cm）

刘豹先生与其亲朋合影

2022年6月12日，经管学部举办“永远的精神坐标——纪念刘豹先生诞辰99周年”活动

刘豹先生与他指导的部分1981级硕士合影

2001年，刘豹先生与其博士生合影，前排右一为张维、右二为齐二石，后排从左到右依次为李英、冯蔚东、程明、马寿峰

2008年，刘豹先生与学生常恒毅合影，油画为刘豹先生所画，油画署名“刘海粟二少”

刘豹先生生平纪念展

重庆大学捐赠刘豹先生学习史料

纪念刘豹先生诞辰100周年活动现场1

纪念刘豹先生诞辰100周年活动现场2

春华撷英 秋实锦集

天津大学管理学院创院院长刘豹先生诞辰100周年纪念册

管理与经济学部编写组 编

天津大学出版社
TIANJIN UNIVERSITY PRESS

图书在版编目（CIP）数据

春华撷英　秋实锦瑟：天津大学管理学院创院院长刘豹先生诞辰 100 周年纪念册 / 管理与经济学部编写组编 . 天津：天津大学出版社，2024. 10. -- ISBN 978-7-5618-7853-8

Ⅰ. K825.46-53

中国国家版本馆 CIP 数据核字第 20248EG712 号

出版发行	天津大学出版社
地　　址	天津市卫津路 92 号天津大学内（邮编：300072）
电　　话	发行部：022-27403647
网　　址	publish.tju.edu.cn
印　　刷	北京盛通印刷股份有限公司
经　　销	全国各地新华书店
开　　本	710mm×1010mm　1/16
印　　张	8.75
字　　数	115 千
版　　次	2024 年 10 月第 1 版
印　　次	2024 年 10 月第 1 次
定　　价	45.00 元

管理与经济学部编写组

组　长：张　维　马寿峰

副组长：杜慧滨　毛照昉

组　员：李　庚　刘　钰　宇文慧　谷叶馨　唐宇涵

致　谢（按姓氏音序排列）：

常恒毅　陈瑾钰　高自友　韩文秀　贺国光　贺有恒

寇纪淞　刘　瑞　刘航江　刘新领　齐二石　任　达

盛昭瀚　孙　亮　孙雨斯　谢昕宁　尹力慧　杨贤金

杨晓光　张　力　张　彤　张　维　张新怡　赵　瑾

钟登华　朱宝琳

序

星耀后人：纪念刘豹先生

在历史的星空中，那些为人类社会做出卓越贡献的人，如同璀璨的星辰，照亮了我们前行的道路。我的导师刘豹先生，就是其中最耀眼的一颗。他不仅是享誉海内外的著名自动控制与系统工程专家、中国系统工程学科的奠基人和开拓者之一，更是我们永远的楷模和灵魂导师。

2023 年 6 月，刘豹先生诞辰 100 周年之际，天津大学管理与经济学部（其前身即先生亲手创立的管理学院）邀请了来自全国的管理学者，为他举办了一个隆重的系列学术纪念活动；之后，学部梳理了先生的主要学术著述和个人随笔，并收集了历史上关于他的学术活动采访和报道，同时也邀请了先生生前的同事、弟子撰写了追忆文章，一同编纂成本书，以缅怀和纪念他为学术、为祖国、为人民奉献的一生。书稿初成之际，学部领导即邀请我来为这本书写一个序言，这真是一份沉甸甸的责任。我把打印的初稿放在办公室的案头，常常翻阅，却迟迟不敢动笔，因为那些稿件中沉淀了太多的历史和美好，经常让我掩卷沉思、浮想联翩，重温那些在先生指导下学习和工作的美好时光，生怕自己的浅显认知有辱为这本文集作序的神圣使命。

翻阅着文集中一篇篇文章，我们再一次回顾了先生坚韧与奋斗的一生。

青少年时期，他深受前辈们的爱国情怀影响，立志为祖国的发展而奋斗。他从重庆大学机械工程系毕业后，进入北洋大学任教，随后赴美国深造，专攻自动控制原理。然而，在新中国成立的消息传来后，他毅然放弃了国外优渥的条件，怀着一颗报效祖国的赤子之心，回到了祖国的怀抱，成为新中国的第一批“海归”之一,凭自己的所学投身于新中国建设的伟大事业。

在天津大学执教的岁月里，刘豹先生全身心投入自动化教育事业中。他运用自己在美国所学到的当时最先进的自动化技术知识，不仅为天津大学化工、精密仪器等专业开设了自动控制课程，还创办了全国首个化工仪表与自动化专业,为我国的自动化事业培养了大量优秀人才。他的专著《自动控制原理》更是我国自动控制学科的开山之作，引领了该领域的发展方向。

先生不仅在自身学术上取得了卓越成就，他还投入了极大的爱国情怀和奉献精神于新中国自动化学科的建设。从 1956 年起，他曾多次参与制定新中国的科学技术发展规划工作，与同人共同起草的自动化发展草案经修改后成为国家 1980—2000 年自动化学科发展的正式规划，推动我国自动化事业走向世界的前沿。他作为战略科学家的这些卓越工作，为我国科技事业的发展做出了不可磨灭的贡献。

对于一位伟大的学者，其高深的造诣不仅仅表现在对已有学科的前沿探索，还在于对科学的新兴趋势和动向的敏锐把握。20 世纪 70 年代末，先生将学术关注点从单纯针对工程系统的自动控制，转向了当时国际上正在兴起的、针对包含社会经济系统在内更广泛系统的系统工程。先生开一代先河，在 1978 年率先于天津大学创办了系统工程研究所，1980 年又与全国 21 位科技界同人共同发起，创立了中国系统工程学会，成为中国系统工程学科的开创人之一。也就是在那之后不久的 1982 年春，我得以有幸投入先生门下，在先生的言传身教中开始了我自己的学术生涯，折服于先生卓越的领导才能和深厚的学术造诣。先生带领研究团队在能源、教育、交通、环境等领域开展了一系列开创性的研究工作，取得了多项高水平的科研成果，奠定了天津大学系统工程研究所在国内外同行中的学术地位，不仅为当年研究所的持续发展，也为如今管理与经济学部的学科建设奠定了坚实的基础。

先生的卓越成就和无私奉献精神为我们树立了光辉的榜样。他的学术追求、爱国情怀和奉献精神将永远激励着我们为祖国的繁荣发展而努力奋斗。在先生诞辰100周年的特殊日子里，让我们深切缅怀先生的丰功伟绩，铭记他的精神遗产，牢记他的谆谆教诲，共扬校誉于无穷。愿我们以先生为楷模，不忘学术初心，为推动中国管理科学事业的繁荣发展贡献自己的力量，为实现中华民族伟大复兴的中国梦而不懈努力！

行笔至此，不觉中早已是夜深人静。抬头望向窗外，一片星光灿烂。在那些深邃的璀璨中，闪烁着先生的智慧和人格光芒，指引我辈砥砺前行。

是为序。

张维

2024年2月

目录

走近刘豹先生

刘豹（1923 年 6 月 12 日—2013 年 7 月 31 日），祖籍江苏常州，自动控制和系统工程专家，该领域内教育的开拓者之一，中国自动控制理论的奠基人。早年从事自动化控制的教学和科研，1954 年在天津大学开设了国内第一门化工自动化类新课；两年以后创办了中国第一个“化工仪表与自动化”专业，成为中国仪表自动化教育的开创人；1954 年出版了中国第一部自动控制方面的专著《自动控制原理》；1962 年受聘兼任第一机械工业部仪器仪表教材编审组组长，负责全国高校该专业的教学建设；1963 年又出版了当时在全国有重大影响的《自动调节理论基础》；20 世纪 60 年代初从事气动自动学及气动自动装置的研究，为中国仪表界气动自动学奠定了理论和方法基础，其成果引起了国际学术界的广泛关注。自 1978 年始，研究领域从自动控制开始拓展到系统工程，与 21 位科技界同人共同发起成立了中国系统工程学会，并在天津大学创建了由国家教委批准的系统工程研究所。在自动调节、自动测量仪表、气动自动学、系统辨识、建模理论决策预测方法以及系统工程在能源、教育、农业、科技等方面的应用领域内取得了卓有成效的研究成果。据不完全统计，在这些领域内已出版学术专著 20 部；在国内外期刊和正式出版的论文集上发表学术论文近百篇；各项研究成果共获国家部委、省、市级科技进步奖13项；自1979年以来，先后赴英、美、法、日等13个国家和地区进行学术交流，考察、讲学、合作研究共16次。作为硕士生和博士生导师，培养出80多名硕士、30多名博士。

一、个人生平

刘豹，生于1923年6月12日，祖籍江苏常州，自动控制和系统工程专家，中国系统工程学科、管理学科的开创者之一，天津大学系统工程研究所创始所长，天津大学管理学院创院院长，被尊称为天津大学的“十八罗汉”之一。

其父刘海粟是我国当代艺术大师、近代美术教育事业的奠基人、新美术运动的拓荒者、杰出的美术教育家。刘豹幼年正值其父创业初期，因父亲常与蔡元培、徐志摩、傅雷等教育、文化界人士来往，刘豹深受他们为教育、艺术献身精神的影响，加之目睹帝国主义列强侵略中国，从小就立志要为祖国振兴而奋斗。

1936年，刘豹进入江苏省立上海中学学习。1941年冬，日本发动太平洋战争，侵入了当时上海租界地构成的孤岛，中学毕业的刘豹不甘做亡国奴，便与同学奔赴内地。背井离乡的困厄条件下，刘豹坚持苦读，顺利考入重庆大学机械工程系。1946年，刘豹先生在重庆大学机械工程系毕业后进入北洋大学机械工程系任助教。

然而，刘豹报国求学之路并未到此终止，1948年春入美国科罗拉多大学研究生院，就读于机械力学系，1949年春获硕士学位。在科罗拉多大学，刘豹学习了第二次世界大战后刚刚公开讲授的“自动控制原理”等崭新的课程，这对他后来的学术研究和教育活动产生了重要的影响。毕业后受聘于美国费城鲍德温工厂（Baldwin Co.）任工程师，这段时间的研究和工作为他积累了大量实践知识。

当时正值新中国成立，刘豹先生感受到祖国的召唤，体会到教育和科技对国家、民族发展的重要，放弃了继续深造的机会，怀着建设祖国的满腔激情踏上了新中国的土地。1950 年 2 月，在中国人民解放军大连海军学校任教。1954 年转入天津大学任教。在天津大学工作期间，刘豹先生历任化工仪表教研室主任、热工仪表教研室主任、电力及自动化工程系主任、系统工程研究所所长、管理学院院长等职。

刘豹先生早年从事自动控制的教学和科研，创办了我国第一个化工仪表与自动化专业，是中国仪表自动化教育的开创者。1954 年出版了国内第一部自动控制方面的专著《自动控制原理》，1963 年出版了《自动调节理论基础》，产生了广泛的影响。20 世纪 60 年代初领导开展气动自动学及其技术的研究，为中国仪表界气动自动学奠定了理论和方法基础。1978 年以后，研究领域又扩展到系统工程和管理学科，提出了利用系统方法解决重大社会经济问题的学术思想，建立起综合多种理论和方法的一整套社会经济系统建模理论，创立了天津大学系统工程研究所，这是国内首批系统工程专业研究机构之一。

1979 年至 1990 年间，刘豹受聘兼任高等工业学校仪器仪表类专业教材编审委员会主任委员、国务院学位委员会第二届学科评议组成员、国家科委发明评审委员会特邀审查员、国家软科学研究工作指导会委员。

刘豹先生的研究成果曾获国家级科技进步二等奖 2 项、三等奖 1 项及省部级科技进步奖 10 项；在国内外期刊和正式出版的论文集上发表学术论文近百篇；培养出 80 余名硕士、30 余名博士。在能源系统工程、社会经济系统建模理论等研究领域取得了重要成果，为中国管理学科、系统工程学科的发展做出了卓越的贡献。曾获天津市劳动模范，天津市优秀教育工作者，全国及天津市优秀归侨、侨眷，国家级高校科技工作40年荣誉奖，天津大学金钥匙奖等荣誉称号及奖项。几十年来，刘豹为中国的教育与科研事业孜孜不倦，为中国自动控制和系统工程学科的发展做出了重要贡献。1984年，刘豹被录入《中国科学家辞典》；1990年，被录入英国剑桥国际传记中心出版的《大洋洲及远东名人录》。

刘豹曾兼任全国政协委员、常委，天津市政协常委，国际自动控制联合会（IFAC）系统工程委员会副主席，中国自动化学会常务理事、名誉理事，中国系统工程学会副理事长，天津市自动化学会理事长，天津市系统工程学会理事长，《系统工程学报》总编辑、编委会主任，《仪器仪表学报》副总编辑，*Journal of Forecasting* 编委等社会职务。

天津大学曾为老先生举行了九秩寿诞庆典，时任校长李家俊在庆典上说："刘豹先生一直是学生们非常崇拜、敬仰的杰出教授之一，学校倍加珍惜老先生们打下的江山。"2013年7月31日，刘豹先生在津去世，享年90岁。

二、主要研究领域和学术成就

1. 首建自动化仪表专业，奠定自动控制学科基础

自动化仪表和自动控制是刘豹从事的主要研究领域之一。在中国首先创办自动化仪表专业、编著国内首部自动控制理论教材、奠定国内气动自动学及装置研究基础，是他在自动控制领域的重大贡献。

新中国成立后，经济建设急需大量的自动化技术人才，而国内当时尚无培养基地。面对这种状况，刘豹怀着一颗报效祖国的赤子之心，运用自己在美国所学到的先进的自动化技术知识，于1954年应邀到天津大学为新成立的化工机械专业开设了国内第一门化工自动化类新课"化工自动检

测与自动控制”及“自动化”两门课程。1956 年又为该校精密仪器工程系开设了“自动控制原理”课程。同年，在天津大学创办了全国第一个自动化仪表类专业——化工仪表与自动化专业。

为了新中国自动化学科的建设和完善，刘豹夜以继日地忘我工作，编写新专业的教学计划和部分主要课程的教学大纲，创建新的专业教研室。1957 年受聘兼任第一机械工业部天津仪表研究室导师；1956—1966 年参加了国家十二年科技规划工作，负责组织、检查全国自动化仪表标准化、系列化工作；1962 年受聘兼任第一机械工业部仪器仪表教材编审组组长，负责全国高校该专业的教学计划、教学大纲和教材建设工作；1978 年又被国家科委聘为仪器仪表组的专家。

当时，中国根本不存在一部自主出版的自动控制理论专著，国际自动控制理论与中国实际的自动化学科和技术发展一直处在磨合期。时刻怀着报国之志的刘豹认识到，完善国内自动控制学科建设，不仅要吸收国外先进知识和经验，更要注意从中国实际情况出发。

1954 年，刘豹根据当年在美国所学的知识、自己在科研和教学中的实践，以及自动控制的新发展，写成了《自动控制原理》一书，弥补了国内无公开出版的自动控制理论专著的空白。1963 年，他又在该书的基础上写成了《自动调节理论基础》，在书中加入了大量苏联学派以及自己所研究的频率分析和综合手段、20 世纪 50 年代中期盛行的根轨迹法等内容。这部著作曾是许多自动化设计工作者的基础入门书，在全国广为流行，有着深远的学术影响。他所研究的频率分析方法和综合系统的设计手段丰富和发展了经典控制理论的设计思想，即以所要求的时间反应曲线为标准，以线性叠加原理分解，转成所期望的频率特征，再由此结合系统。此法比当时只按几个时间反应指标做标准的综合方法更全面、准确地反映了设计者的要求，该方法后来又成功地运用于一类非线性系统的综合。

气动仪表的设计和研究是刘豹在自动控制领域的另一重要贡献。1958年刘豹担任全国“气动单元组合仪表”研究的负责人，领导全国同行开展气动自动装置的研究；1960年组织全国气动仪表专门人员学习苏联的气动逻辑元件技术，并在国内开始了气动逻辑装置的研究；同期还领导气动积分元件以及气动计算装置研究等一系列工作；1964年成功研制气动模拟计算机交天津市调节器厂生产；以气动逻辑元件、纯滞后元件、积分元件等构成气动频率测试动态仪的线路图。在这一时期，他还与同人一道研制出了气动数字仪表等多种气动自动装置样机。

刘豹在这一领域中的一系列研究成果不仅为国内气动自动学及装置的研究奠定了基础，还对国际自动化学科的应用研究和理论研究的发展产生了重要影响。1962年他在全国计量技术和仪器制造学会热工计量学术报告会上宣读的论文《热工参数气测法》被该学会推荐参加国际计量技术和仪器制造年会，后被美、英等国的*Control*、*Control Engineering*等刊物转载。文中提出的用白噪声输入对有限衰减时间的工业过程直接求算其频率特性的方案，可以直接推广到电路中去，是后来国外许多直接点绘频率曲线的动态仪的可用方案之一，1962年《中波技术协定》中有一条就是将刘豹所研究的有关于此的资料及论文提供给波兰方面。

2. 开创系统工程新学科，推动系统工程学科发展

“路漫漫其修远兮，吾将上下而求索。”尽管在自动控制领域的研究成果已为刘豹博得了很多名誉，但这并未阻止他的求索之路。他时刻坚信，祖国的需要，就是自己的责任。

刘豹于1956年参加了全国第一次科学规划的制定工作；1977年参加了当时第一机械工业部和教育部的科学发展规划工作，后来又参加了全国科学技术规划会议；1978年参加了研究；1980年以后参与国家的科学发展规划，与同人共同起草的自动化发展草案经修改后成为国家 1980—2000 年自动化学科发展的正式规划。从这些科技管理的实践中，刘豹敏锐地看到，随着时代的发展，人类将面临越来越多的社会、经济问题，它们远比工程系统中的问题复杂，迫切需要研究和发展有力的技术手段来解决。因此，在 1978 年接受了国家重点课题“研究系统工程学——解决大系统的最优设计、最优控制和最优管理问题”，审时度势地将研究方向扩大转移到系统工程学科。

1978 年全国科学大会以后，经教育部批准，他创建了天津大学系统工程研究所，这是全国首批从事系统工程研究的专业机构之一；1980 年，与全国 21 位科技界同人共同发起，创立了中国系统工程学会；后又倡导成立了中国能源研究会系统工程专业委员会。作为系统工程的开创人之一，他多次在学术刊物上发表文章，结合学科的发展和国情，阐述中国系统工程的研究内容及发展方向，强调系统工程应当为中国社会经济的发展服务，强调定性与定量相结合的研究方式，强调对复杂大系统有关方法论的研究等。他在这方面的辛勤工作对中国系统工程学科的发展起到了重要推动作用。

3. 构建动态系统辨识模型，为复杂大系统提供决策支持

国家经济社会发展的相关政策需要有一定的科学依据，但经济社会系统是个复杂的大系统，常规模型无法有效地为该系统提供决策支持。建立系统的数学模型，利用系统工程方法成为解决中国社会经济问题的关键一环。

为了保证国家提出的经济社会发展政策具有一定的科学依据，刘豹利用他在动态系统辨识方面的丰富知识和成果，结合中国社会经济系统的特殊性，领导一个研究小组，经过多年的努力，提出了包括小样本、大噪声、变参数、变结构以及模型选择等多种建模方法及其相应原理在内的一整套社会经济系统建模理论，实际应用表明，该理论对社会经济系统中的部分问题提供了有效的解决方法。而且，这方面的理论成果曾被列为国际自动控制联合会第八届系统辨识与参数估计讨论会的大会报告。

刘豹提出了多层次多分支优化方法，推广了优化规则的应用范围。以数学规划计算的方便性取代了对策方法的复杂性，同时还在规划中考虑了上、下级之间的诱导对策问题。用该法做多层次物资分配，可在提高下级积极性的基础上增加总体的优化程度。

能源是中国社会经济发展的最重要问题之一。刘豹在 20 世纪 70 年代末就积极推动运用系统工程方法来研究能源规划、预测及其与经济协调发展的问题，领导进行了一系列卓有成效的研究。在应用方面，为中国能源供应进行了预测，提出为保证实现中国 2000 年的发展目标就必须采取节能措施等一系列重要科学论断，为制定国家能源政策提供了有力的科学依据，继而帮助国家计委做出了节能规划、能源生产规划。后来又指导研究生和教师为当时的国家计委节能局建立了能源管理信息系统，为中国能源系统的管理提供了重要技术手段。在学术理论方面，研究得到国家能源供应模型系统等多项理论成果及学术论文。这些能源系统工程的研究先后十次获得国家部委和省市科技进步奖。为了推动中国的能源规划发展，刘豹积极组织能源规划的培训工作。国家科委和欧洲共同体 1982 年签订协议，在天津大学建立了天津能源规划培训中心，先后为全国培训了能源规划专门人才 400 余名，合作进行了能源规划、管理等研究，扩大了中国在这一领域的国际合作与交流。

对社会经济系统进行预测是一项重要而艰巨的工作，预测模型需要能够适应实际条件的改变。非预测专家的决策者要么简单地凭主观想象做预测，要么完全依赖预测专家，这两种极端情况对于科学预测都是有害无益的。为此，刘豹在“组合预测”方法的基础上提出了“智能综合预测系统”的概念，在预测过程中引入人工智能技术，建立了可依数据条件、预测目的等多项条件自动选择适当模型，且具备一些定量模型自动建模功能、最优地组合多种预测结果等内容的计算机综合预测支持系统软件，解决了决策者因不熟悉各类预测方法而无法亲自参与预测的困难。这一研究的各项子课题分别获得了霍英东教育基金会、国家自然科学基金委员会、高等学校博士学科点专项科研基金、二十一世纪公益基金等的资助，其学术价值及实用意义由此可见一斑。

但是，决策支持系统并不会抛弃专家意见，只会使带有主观性的专家决策法更加科学。软科学的目的就是要努力开发和应用有效的定性与定量相结合的方法，而这正好满足了解决复杂社会经济问题的需要。为此，当美国匹兹堡大学教授萨蒂（Saaty）提出的层次分析法（AHP）于20世纪80年代初刚被介绍到中国时，刘豹就敏锐地注意到其简洁直观、行之有效且易于为决策者所接受等特点，与其同事进行了大量研究和推广应用工作。在他们的倡导下，AHP迄今已在中国的科技、管理、军事等领域得到了广泛应用，这些应用又促进了其理论的发展，得到了国际同行的赞誉。1991年8月，刘豹应邀赴美国匹兹堡大学同Saaty合作进行此方面的研究，并于同年11月去德国雷根斯堡大学同尼迈耶（Niemeyer）合作，利用其先进的专家系统软件，探讨建立一类新型的、基于群体判断理论的决策支持系统。

4. 授业育人，参与国际学术交流

早在学生时代，刘豹就目睹了帝国主义列强对我们的欺凌，在文化教育界前辈的影响下，深深感到，科技、教育不发展，国家就难以富强。自归国至今，他人生价值的定位就是为国家培育英才。

1954年到天津大学任教以来，刘豹先后为本科生和研究生讲授了多门课程，并主编和主审过多种全国统编教材。他从1960年起就开始招收研究生，至1966年已有十余名研究生在他的指导下从事气动自动装置等自动化技术的研究。他所创办的天津大学系统工程研究所经过十余年的努力奋斗，已锻炼形成了一支科技骨干队伍，成为全国首批博士点和首批重点学科单位之一。刘豹从1978年、1982年分别开始招收硕士研究生和博士研究生，迄今已为国家培养出百余名研究生。这些毕业生中有的在部委、科研单位或大型企业、公司中担任领导职务或成为科技骨干力量；有30多人在国外做博士后研究、受聘担任副教授。他们在中国的社会主义建设事业中、在发展自动控制和系统工程科学中、在促进国际学术交流中都发挥着应有的作用。

为了更好地为中国的科学发展服务，为了提高中国学术界在国际上的声望，刘豹一直积极参与同国际学术界的交流活动，努力学习国外的先进技术。他立志要让中国走向世界、让世界了解中国。

由于刘豹在系统辨识和社会经济系统建模方面所取得的成就，他从1984年起就担任了国际自动控制联合会（IFAC）系统工程委员会委员，1987年任该委员会副主席。他在会议组织、学术水平等多方面都受到国内外专家的好评。1988年，他还主持了第一届国际层次分析法学术会议。刘豹先后在日本神户大学，意大利帕多瓦大学，德国波鸿鲁尔大学和雷根斯堡大学，英国伦敦城市大学，加拿大的麦克马斯特大学、滑铁卢大学、西蒙菲莎大学，美国的特拉斯尔大学、摩海德州立大学、匹兹堡大学等进行合作研究和讲学。刘豹还担任国际学术期刊的编辑工作，曾任*Journal of Forecasting*刊物的编委，并担任英文刊物*Journal of Systems Science and Systems Engineering*的主编。

在国内学术交流方面，刘豹主持了中国系统工程学会年会及学术讨论会、中国能源研究会系统工程委员会学术报告会、全国层次分析法学术年会、全国自动化仪表专业指导会等重要学术会议。他曾先后应邀赴重庆大学、上海机械学院、北京理工大学、清华大学等高校做过多次学术报告，并被聘为重庆大学、北方交通大学（今北京交通大学）的顾问教授。

刘豹在学术评议方面也十分活跃。他曾任国务院学位委员会自动化专业组评议成员，1985—1991 年又作为该委员会管理学科专业组评议成员兼召集人，多次参加全国博士点评审工作，他还曾担任国家自然科学基金会评审员，作为国家科委软科学工作指导委员会的专家，他还参加了全国软科学评议会。

刘豹始终坚持理论与实践相结合、教育与科研相结合。他治学严谨，思维活跃，善于洞察学科发展的新动向，紧跟国际学术前沿。他在教学活动和学术研究中的成就和业绩不仅为新中国的科技兴国做出了巨大的贡献，也对中国乃至世界的经济社会发展产生了积极的影响。

三、主要论著

1. 刘豹 . 自动控制原理［M］. 上海：中国科学图书仪器公司，1954.

2. 刘豹 . 气动单元组合调节器的研究方向［J］. 仪器与实验技术，1958（15）：1-4.

3. 刘豹 . 同时按扰动作用及给定作用来综合自动化调节系统的频率法［J］. 天津大学学报，1963（1）：65-72.

4. 刘豹 . 自动调节理论基础［M］. 上海：上海科学技术出版社，1963.

5. 刘豹 . 有关气动计算装置的若干问题［J］. 自动化学报，1964（1）：55-60.

6. 刘豹，何恩智 . 推广频率法在非线性控制系统综合中的应用［J］. 天津大学学报，1966（1）：3-14.

7. 刘豹 . 两位调节系统的分析设计及改进［J］. 信息与控制，1978（2）：27-43.

8. 刘豹，许树柏 . 天津地区能源模型体系［J］. 信息与控制，1981（6）：35-41.

9. 刘豹 . 能源系统工程和能源数学模型［J］. 能源，1981（6）：12-13，18.

10. 刘豹 . 从自动化科学技术的发展谈起［J］. 工业仪表与自动化装置，1981（1）：4-8.

11. 刘豹 . 系统辨识研究通讯［J］. 信息与控制，1981（5）：52-54.

12. 刘豹，沈建中 . 以投资为增产手段的动态投入产出闭环模型及其分析［J］. 天津大学学报，1982（3）：42-51.

13. 姜伟，刘豹 . 最小二乘辨识中的 Householder 变换法［J］. 信息与控制，1982（1）：35-36.

14. 刘豹 . 自动控制理论［M］// 电机工程手册编委会 . 电机工程手册 . 北京：机械工业出版社，1982.

15. 刘豹，韩文秀，杨晓青 . A Preliminary Investigation on the Optimization Model for the China Higher Education Planning［C］// Preprints of the 3rd IFAC/IFORS Symp.，on large Scale Systems，Warsaw，July，1983（1）：5-9.

16. 刘豹，顾培亮 . 大系统逐级优化的数学规划序列模型：国家能源开发的布局研究［J］. 系统工程理论与实践，1983（1）：5-9.

17. 刘豹 . 现代控制理论［M］. 北京：机械工业出版社，1983.

18. 刘豹 . 系统工程概论［M］. 北京：机械工业出版社，1987.

19. 刘豹 . 系统工程导论［M］. 天津：天津科学技术出版社，1987.

20. 刘豹 . 现代控制理论（修订本）［M］. 北京：机械工业出版社，1991.

（以上内容摘自《20世纪中国知名科学家学术成就概览·管理学卷·第一分册》，略有删改）

四、随笔

愿友谊之花盛开

刘豹 写于1980年

以尧天义久教授为团长的日本神户大学工学部学术访华团前来我校进行友好访问，在此，我向代表团表示热烈的欢迎，并衷心祝愿他们访问获得圆满成功。

去年冬天，访问美、日两国期间，我应邀访问了神户大学工学院，参观了工学院的图书馆、计算中心、系统工程系、计测工程系和电机工程系，游览了依山傍水的美丽的校园，受到了工学院的热情接待，这给我留下了深刻的印象。今天，代表团来到我校进行友好访问和学术交流。代表团成员中很多人都是我们电力及自动化工程系的同行，有的是我的朋友，我们又有这样的机会在一起共同研究和探讨，我内心感到无限高兴和喜悦。

我和神户大学工学院的联系是从1978年开始的。那年秋天，神户学术访问团来到天津，我就和神户大学工学院计测工程系的北村新三教授交上了朋友。北村先生是研究分布参数系统辨识的，我的主要研究项目之一是大系统的辨识。所以，在辨识领域内，我们已经做了长期的交流，北村先生多次给我们邮来资料，介绍科研情况，对我们帮助很大。特别是他在

1978年受神户大学之托，送给了我们一台8080微计算机，我系自动控制专业已用它做了电梯控制试验，很有成效。1979年，我出席国际自动控制联合会在西德达姆施塔特召开的第五届系统辨识学术会议，我又见到了北村先生，真是他乡遇故知，分外亲近。我们除了交流学术论题外，还特意谈到了两校今后长期协作的事，当他知道1979年冬我将为系统工程事宜访问美、日两国时，他又主动热情地邀请我访问神户大学。

在那一次访问中，我又结识了系统工程系的平井一正教授。平井先生原来在1978年就要访问天津的，由于生病，不能成行，而平井先生的讲演提要和论文我都已拜读。他也是我的同行，是研究系统分析方法、非线性系统稳定性和人机关系的，正好我在这方面也多少搞过一点儿，有共同的兴趣。我们目前正在筹建系统工程研究所，而他们目前也在筹建系统工程研究所，包括理、工、商、医、社会等学院，扩展到全校。我很钦佩他们的远见和决心。系统工程本来就应该是研究包罗万象的大系统的问题，我们在神户就讨论了系统工程的范畴，都有一致的看法。

可控硅调速问题专家丸桥彻教授也是自动化系的主客，他在电机控制、能量转换、可控硅控制线路方面的研究成果是值得我们学习的。神户大学系统工程系教授前川祯男先生是研究微处理机应用方面的专家，虽然这次是作为我校计算机的主客，但和我们自动化系是密切相关的。还有化工系的中西英二教授和计测工程系的高森年副教授都是我们的同行，所以，这次他们来校进行友好访问和学术交流，可以使师生和天津市自动化学术界人士向他们学到许多宝贵的知识。

最后，让我代表天津大学自动化系和天津市自动化学会再次向神户大学代表团表示热烈的欢迎！

趣读：忆重大——忆在重庆大学学习和生活的点滴

1942—1946 年在重庆大学（简称“重大”，位于沙坪坝区）这四年是我人生中的一个主要成长阶段。在那里，我生活、学做人、交流，为将来的事业打基础。

1. 去重大

1941 年日本发动了太平洋战争，偷袭了美国夏威夷珍珠港，不久日本军就进入了上海租界。我们原躲在租界里的学生就直接在日本人的控制之下了。国立大学都被迫内迁。当时我正值高中毕业要准备考大学，不愿意再过亡国奴的生活，决定去重庆读书。当时父亲也落难南洋不知如何。我就和同班同学一起远离上海去了重庆。在旅程中受了许多阻障，历经五个多月之久最后于 1942 年 11 月才到重庆。当时全国统一高考已过时，我们无处去上学。后来，重大奉教育部命令，在机械、电机、矿冶、土木几个系扩招，我才被重大录取为机械系学生。由此也解决了我的生活问题，当时大学是管吃、住、学，再加上几个奖学金，就可以覆盖我第一年的生活费了。

2. 住和食

我们这些扩招考进去的新生都住在离原学生宿舍很远的两栋楼房里。每栋楼都放了 22 张双层床，共住了 44 个人。那时的房子都是有窗无玻璃，空气流动，很新鲜。好在重庆冬天不太冷，很少下雪。我们就自由搭配分住各个床铺，结成好朋友。

当年重庆大学的住宿条件在沙坪坝区的几所高等学校里还是算最好的。所有的建筑：理学院、工学院、学生宿舍、图书馆都没有受到日本军的轰炸破坏。到二年级后，我们就住到正式学生宿舍去了。楼共有上下两层，每层都有四个大房间，还有可放四至五张床的一些小房间。每学年都由学生自己抽签决定住哪间房间。每间房间内则由学生自己组合，基本是同班同学一起派代表去抽签选房。这些工作都是学生自己做的。

第一年学生的饮食是混着吃的，食堂是一个大厅，分成几个伙食团，每人可以自由参加，但伙食较差，被主持食堂的人赚了钱，而且饭还不够吃。食量大的人专用大碗，一大碗就解决问题，用不着去盛第二碗。而用小碗的人去盛第二碗饭时，饭桶已空了。到了第二年变“老学生”，吃饭的事就变为学生自己的事了，由学生自己管理伙食。从我读大三的那年起，每个大系开始独立办伙食。整个学生食堂有几个厨房，也就是说有几个伙食团，推选出主办人，是学生自己。记得那一年，我们机械系由韩芳、魏隆昌和我连续管了三个月。韩芳管得最彻底，一个月都住在厨房里，指挥厨房的包厨人工作。由于物价上涨快，从学校总务处拿到教育部发的当月伙食费后就马上去买足能够吃一个月的米来存放于米桶。各种开支都由韩芳和包厨人共同商计，做到饭好、菜合理，每周末“打牙祭”一次，过节时也加餐，公布账目。那学期，我还兴起在我们饭厅发布的“生活报”上专门刊登一些有关“食”的文章，可让同学在等吃饭时看看，颇受大家欢迎。第一月改善伙食，成绩显著。其他系伙食团也跟着改善管理，使当时重大的学生伙食提高不少。以后，机械系的伙食就此好办了。

3. 读书

一年级的基础课数理化都是名师教的。物理老师是德国博士绍白先生，讲课幽默。他还演示物理的光电实验，在暑假中劝我转学物理，我没有同意。几年后，他就去美国芝加哥大学当教授了。英语老师和我最熟，还鼓励我，帮助我参加重庆市大学英语演讲比赛，替我写讲稿“Four Freedoms”（当年美国总统罗斯福提出四个自由的主张），还请三年级“汽车学”的留美教授指导我发音。尽管没得奖，但是我得到了鼓励。我还代表重大参加了全国大学物理比赛，因为对传导问题生疏丢了分数，也没得奖。

机械系的专业课也是著名教师讲。系主任金锡如一手办系，聘请好老师，开讲新课，增加实习，参观工厂。读重大那时的局势发展很快，特别是在三年级时，日本发动了向湖南、广西的攻击，许多在桂林的文人、教师就奔向重庆。金锡如请了好几位名教师到机械系，充实了机械系教师队伍。

在二年级时，金老师亲自带我们全班参观一个专门制造枪弹的兵工厂，许多机器都放在一个个的山洞中，以防轰炸。我们参观了材料、制造、整理和输出几个部门，使我们对武器制造的全过程有了一定的认识。工程师的说明和解释，更进一步增加了我们的知识。

我们在重大不断地成长，一年级是老实地读书，学习数、理、化、中文、外文、制图，到工厂实习等；二年级是技术基本科目，力学、热力学、机械运动学、金属材料和机械方面的基本课，以计算为主，课后习题作业很多；三年级就是机械分科的业务课，有动力、制造、航空和电工学等；四年级是专业课和写论文以及准备毕业后的去向问题。这后两年，功课比较分散，有许多是靠教师指导帮助才得以完成的。

在三年级，我当选了机三班长。我们第一次上刘政元先生的内燃机课。第一课讲序论，画了一个内燃机的气流图，说空气从机内进入，经过机内燃烧产生动力，废气再由机末排出。反过来说，气从排气口进去就不会也不能在机内部燃烧，只有再重进又排出。大家听了一头雾水，一堂课下来听懂的不多，而且感到不大实际。老师走后，大家就闹了起来，要我这个班长去和班主任（金老师）汇报免掉刘老师，并要我直接去和刘老师说不要他再来讲课。刘老师是美国留学回来的。每学年学生会举办的欢迎会和欢送会都是全系同学和老师（特别是专业课老师）一起开。由金老师发言，个别老师和同学代表发言，之后就是老师和同学演出。每次都有刘老师演唱美国现代歌曲的节目，吸引了一些同学，也有些同学不习惯，这也可能是一些同学不要他讲课的原因之一。我去金老师那儿汇报同学的意见，但遭到了他的反对。他说刘老师教这门课已有好多年了，从来没有学生提出不要他讲课的要求，此外也没有别的老师能讲这门课。我后来也极不好意思地去了刘老师家让他不要再去讲课了。我和刘老师有过交情，一年级参加全市大学英语演讲比赛时他做过我的指导老师，帮我校正发音。我如何能这样做呢！实在太难了，我当了一个多月的班长就辞职不干了。韩芳接过班长的位子。后来我和韩芳发起自学内燃机这门课。第一年是我代讲的，是教科书中的绪论，比较好讲。后来就没人讲了，这门课也就这样不了了之。

三年级以后的同学是比较难弄的，学期中我们另外一门主课“机械设计”的老师是校外单位机械公司专家，很有实践经验。学期大考出题是“设计自行车动力链条”。同学拿到考卷后，待了十几分钟后就大叫起来说这种考题如何回答，一点儿指定的数据都没有。大家马上闹了起来，要求重考。当时班长已是韩芳了，我当然不管。其实这种考试是最容易的，因为自行车人人见过、用过，只要自己定几个合理的数据就可以设计了。班长韩芳的交涉到学期后才得到解决，由老师和韩芳共同拟定这次考试的分数，成绩单上总算有了分数！

三年级时，我、韩芳和魏隆昌接受了某工厂一批水轮机设计工作。我被分配为水轮机调节器设计制图。花了两个星期完成了制图任务。事后，中介人还请我们吃了顿饭。这个经历锻炼了我们制图和计算设计的能力。第四学期暑期，我们在学校的试验机工厂劳动，学习了机械工的基本功，除了铸工、锻工，我们还做了机加工的圈套。这些基本实习，对我后来到北洋大学为学校设计实习工厂（机械），以及批改三年级机械设计制图都起了很大作用。也对我后来在美国 Baldwin 工厂中实习有极大的帮助。

四年级有一门课是毕业论文，没有学分，但要找一位导师。我找金老师做导师，自己选题叫作“Lubrication”（润滑）。作论文时主要是到图书馆查文献。重庆大学有一个比较好的图书馆，存有许多抗战前出的书籍，在机械方面还有几套齐全的手册、词典，还有不少英文文学经典小说和诗文（当初建校时是文、理科，创建人是四川大军阀刘湘，投资很大）。我们还可以到隔壁的中央大学图书馆去阅读和借书。我对那里也很熟悉，经常去那里看比较新的书和报纸。因此，我找论文资料很方便。我是用英文写的论文。因为那些资料都是英文，我也就不用再翻译了。在中央大学图书馆，我还为近期书刊翻译文章，如从 *Reader's Digest*（《读者文摘》）中译了一篇《塑料》，它当时是一种极新的工业材料，有广泛的用途，应当提倡。还有一篇是关于一个特殊的人物——美国著名魔术家 Harry Houdini（哈里·胡迪尼）的故事，都发表在中文的《读者文摘》上。

4. 办壁报

我从小就喜欢写散文和诗，并且编写成壁报贴在教室、过道等地方。在小学、中学就自主贴过许多次。在重大，出壁报的行政手续也很简单，只要将写好的壁报交给训导处看过就行。我出版过《生活文艺报》，贴在人来往最多的理学院楼底层走廊。那里有学校各处的办公室、理学院和商学院的教室。《生活文艺报》是不定期的，专门刊载散文、诗歌。主要作者是我，还有我的中学同学、文艺爱好者、在成都华西坝大学读书的陶綮。有一次，韩芳告诉我他喜欢的一个女同学在另外一个壁报中发表了一篇为爱情受挫后而抒发情感的文章，叫我去看并写一篇文章鼓励她。我就写了一篇动人的鼓励性散文，出了一期专刊。不料只过了两天这期壁报就被人撕掉了。

到三年级，校园不再像以前那样安静。日本投降，国家未来的变化剧烈，大众关心是打内战，还是和平建设。那时我的思想也常常转变成关心国事，反对内战，在《生活文艺报》上也专门写了一篇文章，题目叫《走出象牙塔，到人民大众中去》。这篇文章得到了进步壁报《铁流》的赞成，鼓励我向这个方向努力。我毕业后，《生活文艺报》就停办了。

两年后在北洋大学当助教时，听到我的大学好友李文青由重庆乘木船回他家乡武汉时，不幸在途中沉船逝世，我悲痛万分，在天津写了一篇激情的散文追悼他。又请从重大土木系转学到北洋大学的同学许昌忠写了一篇追悼文章，我再以《生活文艺报》的形式寄给重庆大学的一个朋友，请他在理工学院张贴了这最后一期。

5. 闲散的时间

在上课之余总是有许多闲散的时间，我就把这些时间的使用也都记录如下。

运动

在三四年级时，功课比较松，有足够的时间自由活动。我喜欢运动，尤其是足球。我们机械系组建了机锋足球队，由三年级至一年级的同学组成。我们机锋队常打胜仗，但是比不过中央大学队。每周二都有一次比赛，我们还自己做了队服。当年重庆大学的体育场是在理学院前面，而学生食堂则在体育场的另一端。从学生宿舍去食堂吃饭都要从体育场的一边走过。所以我们赛球或练球时都有许多同学经过看我们踢球，我们非常来劲。有一次我和韩芳从校外回来，经过篮球场时看到我们机三班正和别人比赛，输了球。我们马上赶过去将打累的队员替换下来。我们篮球打得不好，但是跑得快，也可以反败为胜。

看嘉陵江的风景

在重大，我们喜欢看嘉陵江的风景。从重大工学院开始，直到学生食堂都在江岸边。从岸边到江边是一个极大的斜坡，有好几处都可以直接从岸边走到江边。这些斜坡上有不少建筑和其他单位，还有一些小吃店、小卖部。我们可以沿着这些地方一直走到江边，沿江边向右可走到公路码头。当时汽车可以乘摆渡到对岸，这样我们就有许多地方可以去。

嘉陵江是冬季安静，江水清澈，过江摆渡安宁；夏季江水咆哮、浑浊，过江困难。一次很少有的大风雨天，我们正在工学院教室上课，忽然间满天乌黑，望江上乌云翻滚，奔腾向前，气势磅礴，整个江面都被风云遮住，看不到了。

打桥牌

在大学，最多的是四人一起打桥牌。我开始不会打桥牌，有几个好朋友是牌迷，一次他们三缺一，就叫我勉强凑数。这一下打得大家无味，打了几盘就散了。我就此下了决心学习桥牌，花了一周时间，我就比较全面地熟悉了桥牌的打法。以后，他们就很高兴与我一起打桥牌了，而且，找我做合伙人去打。

沙坪坝大街

晚饭后，许多同学都结伙从饭厅顺大道弯过工学院，由校门走上沙坪坝大街。但更多的人是从便道经过青年馆和女生宿舍上大街。沙坪坝大街有许多地方可以去。青年馆每周有正式的歌唱家表演，有时免费，有时要买票。有一次马思聪和他夫人合作演出，看的人很多。在正街上有许多茶馆，室内的、露天的，各式各样都有。四川人习惯去茶馆，生意人去茶馆谈生意，谈恋爱的人可以在茶馆的躺椅上边喝茶边谈情说爱。去茶馆，在四川人讲，是去摆龙门阵，随便聊天。

正街上还有许多家饭店。最平常的食店是极大众化的，一碗红烧面就可以吃饱。那是一碗放满辣椒的、有一块牛肉的面。不吃辣的人要告诉店家免辣或少放些。高级的饭店可以开桌请客。四年里，我也只吃过两顿。一次是替别人设计了水轮机调节器后，中介人请客而不付劳务费。另一次是我们毕业了，请了金老师和几个比较亲近的系中老师吃饭。大家都要走了，几个老师也要到北京去，这是毕业庆祝聚餐会。

沙坪坝大街上还有几个读书的地方。一个是美国人办的学生公社，里面有许多资料，报纸可以随便翻看，也可以在那里交流信息；另一个是专门为同学看书、讨论、讲课提供的比较清静的读书之地。这两个地方我都常去。在大三时，一个朋友介绍我去为一个读一年级化学系的女生补化学课。我们就经常去那个清静之处补课。补课进度很慢，看来她对化学并不感兴趣，而是喜欢英国文学。最终她还是随心所向离开重大化学系，转入了中华大学文学院读英国文学专业。

南开中学

从正街再向前走就是一个特别优美的、像花园一样的中学。校长张伯苓早有远见，在重庆建立了南开中学。不但他们的教学思想是延续于天津南开中学，而且建筑设计也是第一流的。走进中学就像走进一个大花园，满地青草，大路向两边分开前进，中间有一个大水塘。在许多树木后面是两排学生宿舍，再往里去是教师住宿处。每晚会有不少大学生到南开中学去游览、散步，就像去公园一样。

6. 大学毕业回家

大学毕业了，我们外地去重庆的学生要回家乡了。教育部给回乡的学生发了一笔回乡费。在 1946 年 5 月，我们几个回上海和南京的同学一起组团走。有我，读中央大学的好友夏汉新、同学邱人骥和他的女友，及另一位回南京的中大女生。从重庆出发，乘专门去西安的长途汽车。每部车可坐二十多人，行李都放在车顶上。车开得不很快，每站都在夜间休息，个人自找旅馆。我们团就由我和夏两人张罗。

这条回去的路和我来的路相差不多，但我们的情绪相差很多。一个是逃离敌占区，远离亲人，前途危险；一个是学成归家，再见亲人，重新开始新事业。我们人人心情愉快，不怕长途旅行的艰苦。这一路，站站有朋友接待，到处可以游览，不受时间和经费的限制。第一大站是西安，第二站是南京，最后是上海。

在西安我去车站买去往南京的票，遇到很多回乡大学生，票难买，要等。

碰巧遇到由十多个人组成的重庆大学回乡同学团，就和他们联合起来去与车站负责人交涉，得到了三天后的车票，专门给我们回乡同学拉一节车厢，是空车，但没有座位。有了票，心定了，大伙儿就一同游览西安，去看碑林、慈恩寺塔，逛东大街……在徐州，又买了一次票，我们都有座，是开往南京的车。在南京我们到各处景点玩了一天。南京对我来说是旧地重游，我在小学毕业时来玩过一次，并在那里学会了游泳。从南京到上海的火车很方便，最终我们几个人在上海分了手，大家都高高兴兴地回家去了。

到此，“忆重大”的趣读也结束了。

后记：

刘豹先生的女儿刘瑞女士将其父文章进行摘减、重新排版后，提供给天津大学管理与经济学部用于“纪念刘豹先生诞辰100周年系列活动”。刘瑞女士在邮件中说道：“父亲在我心中永远是伏案疾书的印象。”

专访篇

一、新领域的探索者——记自动化系主任刘豹教授

佚名 写于 1981 年

刘豹教授是自动化系主任兼系统工程研究室主任，长期以来，一直从事自动控制理论和气动自动学的教学和科研工作，在这两个领域中有较深的学术造诣，在国内外有一定声誉。当看到系统工程这个学科在我国的社会主义现代化建设中有十分重要的作用后，便毅然决然地带领一班人，在自动控制理论的基础上，在我校开辟了这个新的学科领域的研究工作。放弃一些原来熟悉的东西，而去从事一些生疏的工作，对于一个老教师来说是不容易的。但是他这样认为：系统工程对自己来说是生疏的，要从事这方面工作困难是很大的，要学很多自己原来不熟悉的东西，在短时间有可能拿不出成果，可是它对我国的社会主义建设又十分重要，如果每个人都怕困难，都不做些必要的牺牲，那么我们国家在这方面就永远是个空白，无疑将为我国的社会主义建设带来巨大的损失。他还经常鼓励和教育一些不太安心于系统工程工作的青年同志，让他们看得更远一些，要看到国家的需要，要努力攀登高峰。他自己更是带头刻苦学习，努力钻研。目前，

全体同志在他的领导下，情绪饱满地工作着，力争今年在能源系统数学模型和动态系统辨识方面做出一定的成绩来。

刘豹教授除了在学校里担任行政工作外，社会上的兼职很多，这些工作占去了他大量的时间。在这样的情况下，他经常要工作到深夜，寒暑假也不休息，在教学和科研中做了大量的工作。一年中，他为研究生主讲了两门课，其中，有一门课在我国是新课，需要用很多时间准备。他针对研究生的特点，认真备课，效果较好。他还指导了 1978、1979 两届研究生 13 名，虽然有其他教师协助他指导，但对每个研究生，从论文选题、重点问题答疑，到论文审查等他都逐个亲自过问，抓紧时间提出意见。他积极编写教材和资料，去年一年他编写了约 30 万字的教材和手册。在从事教学工作的同时，他积极开展科研工作。去年他在 4 种刊物上发表了 7 篇论文，并在赴日访问期间做了题为“系统工程在中国现代化建设中的应用”的学术报告。他还为参加国际自动控制 1981 年年会选拔论文审稿，为《自动化》《仪器仪表》等学报审稿 15 篇近 20 万字。

刘豹教授还经常热情地关怀中青年教师的成长。在业务上，他严格要求他们、热情关怀他们，经常考虑根据各个人的具体情况创造条件，让每个同志在教学和科研中都能得到全面的锻炼。对一些安排出国的同志，无论是校内的、校外的，只要找他，他都热情接待，帮助他们选择方向、推荐导师，仅去年一年就为这些同志写了 60 多封推荐信。他还关心本科学生的学习，多次召开座谈会，鼓励他们刻苦学习，努力攀登科学高峰。

二、他以国家需要为己任——记自动化系主任刘豹教授的事迹

佚名 写于 1983 年

刘豹教授是我国自动控制、系统工程学科方面的著名学者。三十多年

来，他为祖国自动化事业的发展、为国家的教育事业做出了巨大的贡献。

1956 年由他倡导在我校成立了我国第一个“工业自动化仪表和自动化”专业。1978 年全国科学大会以后，根据国家需要，他又倡导我校成立“系统工程研究所”。

刘豹教授身兼多职，在他处理繁忙的行政事务的同时，积极探索系统工程的发展方向，筹划研究所的建设，指导和推动研究所的科研工作。他勤奋工作，刻苦钻研，在 1982 年一共公开出版了 12 种论文及著作。

能源是我国经济发展最重要的问题之一。刘豹教授积极推动用系统工程的方法解决能源经济的规划和预测问题。他多次向天津市建议，促使天津市建立全市经济的投入产出表，以利于用系统工程方法分析研究天津市的经济，又多次向市委领导和市计委及干部宣传，普及投入产出分析的重要性。十二大以后，天津市已组织力量开始投入产出表的制订工作，用现代科学成果改善国民经济建设。

为了推动我国能源规划工作以及培训相关人员，刘豹教授积极推动和组织“能源规划培训班”工作。根据国家科委和欧洲经济共同体于今年 3 月份签订的合同，在我校建立了天津能源规划培训中心，今年内举办了两期培训班，为我国培养人才百余人。

培养研究生是提高教学、科研质量的一项重要工作。刘豹教授考虑到国家的需要，积极创造条件，组织力量，尽量多招研究生。1978 年至 1982 年已经招了 30 名研究生，已有 15 名毕业，完成了硕士论文答辩，成绩全部优秀，在各个部门受到欢迎。除此以外，还为 4 名出国研究生、2 名世界银行研究生、外单位的 10 名出国人员写推荐信，介绍导师。

刘豹教授利用自己在国外的影响和会外语的有利条件，积极为我校与国外学术界建立联系，扩大我校在国外的影响，吸收国外的先进经验。现已与加拿大、美国、英国、日本、法国、德国、欧洲共同体有关院校和团体建立了学术联系。最近，刘豹教授为了规划、预测天津市的经济发展，正组织力量用系统工程方法分析天津市 2000 年工农业国内生产总值翻两番的可行方案。

三、自动控制和系统工程专家刘豹教授

系统工程研究所 写于 1984 年

天津大学系统工程研究所所长刘豹教授是我国自动控制和系统工程专家。三十多年来，他积极从事科学研究和教学工作实践，在这两个领域中都做出了重要贡献。他先后在国际国内一些重要的学术刊物和会议上发表过 70 多篇学术论文，引起了国内外一些同行专家的重视。

刘豹教授 1946 年毕业于重庆大学机械系，获工学学士学位，1946 年在北洋大学机械系任教，1948 年去美国留学，在科罗拉多大学获硕士学位。新中国刚成立，刘豹教授怀着尽快参加祖国建设的决心，放弃了在美国继续深造攻读博士学位的机会，毅然决然地于 1950 年初回国，在中华人民解放军海军学校任教。1954 年调来天津大学，先后任天津大学化工仪表及自动化教研室主任、工业自动化仪表教研室主任、自动化系主任、名誉系主任、系统工程研究所所长等职。日前他还担任了天津市政协委员、国家科委自动化学科组成员、全国系统工程学会副理事长、自动化学会常务理事、能源研究会常务理事兼能源系统工程专业委员会主任、天津市自动化学会理事长、系统工程学会（筹）理事长等职。除此之外，他还担任本届国际自动控制联合会系统辨识学术会议的程序委员。

从 1948 年起，刘豹教授就开展了关于自动控制理论及其应用方面的研究工作。1954 年出版的著作《自动控制原理》是我国第一部自动控制理论方面的书籍。1963 年出版的他所编著的《自动调节理论基础》一书，是

我国比较重要的控制理论方面的著作，在国内有着较大的影响。在60年代初期，刘豹教授便在我国率先开展了关于气动自动装置和流控技术方面的研究工作，1958年曾担任全国“气动单元组合仪表”研究课题组组长，对促进我国气动自动装置和流控技术的研究工作做出了重要的贡献。

1978年，刘豹教授敏锐地感到，随着科学技术的发展，系统工程将会对我国社会主义建设产生极大影响，便在国内率先开辟这一新兴学科领域的研究工作。几年来，他所领导的能源系统工程的研究工作始终处于国内领先地位，承担和主要负责这个领域的重点研究项目。他所领导的其他研究课题，如教育系统工程、社会经济系统的建模理论和方法、科技成果的数量评价、交通管理和控制、大系统理论和方法等都取得了一定的研究成果。仅1980—1983年，他就发表了著作和论文40余种，因而在1983年系统工程学会年会上决议委托我校筹办属于国家一级的学术刊物《系统工程学报》。

刘豹教授不仅在科研上取得了重要的成就，在教学上也做出了很大的贡献。在他的筹备和领导下，1956年在我校新建了化工仪表及自动化专业（现在的工业自动化仪表专业），我校是我国最早建立此专业的两所学校之一。自从到天津大学任教以来，他先后讲授过“泵和压气机”“气动自动学”“气动逻辑运算装置”“非线性系统控制理论”“系统辨识”等本科和研究生课程，并主编主审过多种全国统编教材。刘豹教授从1960年起就在天津大学招收研究生，1981年国务院学位委员会批准他为博士研究生导师，目前正在学习的博士、硕士研究生共24名。

四、科学是没有国界的 而人却是有国界的——访刘豹先生

张彤　写于1989年

一个刚刚跨入系统工程学神秘殿堂的青年学子，而今就要去拜访自己

仰慕多年的系统工程学专家——刘豹先生，喜悦和兴奋之余，难免也带着一点点忐忑。

然而，当我在刘先生的寓所见到他时，那丝紧张和忐忑随着同刘先生轻松愉快的交谈悄悄飞到九霄云外去了。

先生热情地向我介绍他对系统工程这门学科的独特看法，以及系统工程的发展过程和在各个方面的应用，指出了系统工程学广阔的发展前景。

谈到国外的科技发展情况，刘先生介绍说，在我国“文化大革命”的十年间，国外的科技发展非常迅猛，因此，我们落后了很多，急需迎头赶上。谈到此，刘先生的语调中流露出深深的惋惜和不安。

接着，我向刘先生请教了心中的一个疑惑，究竟怎样看待当前大学生中的留学热、出国潮、“科学无国界”论的说法。他沉思了一下，似乎在一瞬间又回到了遥远的过去，“有些事你们这一代人是很难理解的，我们年轻的时候，咱们中国人在自己的国土上都被人看不起，那心里真不是滋味。新中国成立后，我们这些在海外的留学生大部分都回到了祖国，就是一心为了使自己的国家强大起来。所以，科学虽然没有国界，而人却是有国界的，个人的前途与国家的命运是连在一起的，青年人应该把自己的学识奉献给自己的祖国”。

我在沉静中思忖着先生的话，却不知时光飞逝，不知不觉中竟已过了一个多小时，耽误了先生这么多宝贵时间，我深感不安，于是起身告辞。

短暂的会面，我随着先生遨游在系统工程学那神奇而奥妙的宏伟殿堂，一幅幅前所未见的画面逐一展现在眼前，它们或宏大，或精巧，或复杂，或奇异，真是五彩斑斓，令人目不暇接。

然而，在整个谈话中，先生却很少谈及自己。作为我国自动控制与系统工程学的先驱，他从 1948 年留美期间就开始了关于自动控制理论及其应用的研究，在国内率先开辟了系统工程这一新兴领域的研究工作，至今他已在自动控制及系统工程这一科学领域辛勤耕耘了四十多年，他所领导的能源系统工程的研究工作始终处于国内领先地位。他的著作《自动控制原理》一书是我国第一部关于自动控制的理论专著。今年初，刘先生又荣获了我校金钥匙荣誉奖。

事业上如此辉煌的成就在刘先生看来似乎算不了什么，因为在先生心目中，个人的荣誉比起国家的前途是微不足道的。所以，当年他毅然放弃了国外优越的条件，回到祖国。而今天，虽然年过花甲，却还在为国家和民族的振兴而辛勤操劳。

访问归来，先生那朴实而深刻的话语不时回响耳畔。是的，“科学是没有国界的，但人却是有国界的”，这正是先生以及先生那一代科学家高风亮节的写照。

追忆篇

一、刘豹先生：为人为师为学的楷模——寇纪淞深情忆恩师

寇纪淞 写于2014年10月11日

我是刘豹先生第一位毕业的博士生，先生爱国奉献、创新求真、慧眼识才、宽大为怀的品质和精神深深影响了我，能成为先生的弟子是一件非常幸运的事情。

父子两代人的爱国情怀

刘豹先生的父亲是中国当代艺术大师、近代美术教育事业的奠基人刘海粟。先生幼年正值其父创业初期，因父亲常与蔡元培、徐志摩、傅雷等教育、文化界人士来往，他也深受他们为教育、艺术献身精神的影响，加之目睹帝国主义列强侵略中国，故先生从小就立志要为祖国振兴而奋斗。

1946年，刘豹先生从重庆大学机械工程系毕业后转入北洋大学机械工程系任助教。1948年春，他考入美国科罗拉多大学（博尔德分校）研究生院，就读机械力学系，1949年春获理学类硕士学位（MS）。他毕业后受聘于美国费城鲍德温工厂（Baldwin Co.）任工程师。正当他准备继

续深造攻读博士学位时，新中国成立了。“科学无国界，科学家有祖国。”先生毅然放弃了在美国优越的条件和难得的机遇，于1950年2月怀着满腔激情踏上了祖国的土地。通过父亲介绍，他跟随茅以升先生从事相关教学和科研工作。

从此，他耕耘在教育活动和学术研究的第一线，先后在大连海军学校和天津大学任教，为祖国的科研和教育事业倾注了满腔的心血。刘豹先生是新中国最早一批回国报效的“海归”，他也一直鼓励我们这些学生们要“走出去”，但更鼓励大家学成后要归国，把自己的所学所得奉献给祖国。

刘豹先生的爱国情怀传承自父辈。海粟老人90多岁时登上了埃菲尔铁塔。法国人问他，巴黎好不好，老人说：“很好啊，我爱巴黎，但我更爱祖国。”后来，刘豹先生请海粟老人给我题了字：“我爱巴黎更爱祖国。”刘老先生父子俩还曾经同时担任过全国政协委员，为国家的经济建设和社会发展参政议政、献计献策。

没有刘先生就没有天大的管理学科

1978年全国科学大会召开之后，经教育部批准，刘豹先生创建了系统工程研究所。这是全国首批从事系统工程研究的专业机构之一，也是我校管理学科的肇始。1981年，在先生的组织和影响下，系统工程专业博士点正式获国务院学位委员会批准设置，是全国首批设置的5个博士点之一。1984年，教育部批准我校建立了管理学院，我校成为全国高校中最早创立管理学院的院校之一，刘豹先生担任院长。

此时的管理学院还并非实体。1995年，在先生的大力推动下，学院进行了机构重组和学科整合，逐步由虚体转变为实体，学科发展的实力得到了进一步加强，也为之后申请“管理科学与工程”国家一级学科奠定了良好的基础。在这一年，先生卸任了院长的职务，把这副饱含他心血的沉甸甸的担子交给了我。其实，我们管理学科的中坚力量和几任院长、副院长都曾得到过先生的指导和培养，如我们的老师顾培亮先生、张世英先生等，师弟齐二石、张维、马寿峰、何桢等。

管理与经济学部编辑承办的《管理科学学报》和《系统工程学报》是管理学界公认的国家一级权威学术性刊物。《管理科学学报》前身为《决策支持系统》，是在刘豹先生的支持下办成的。该刊物在创办之初一直“赔钱”，但是先生在精神和财务上坚决支持这个学术平台的发展，不但实现了扭亏为盈，还获得了学术界的高度认可。后来他力主将该刊物的主办方移交到国家自然科学基金会管理科学部，刊物还是在天大承办，但是在全国的影响更大了。《系统工程学报》则由先生直接创办，他亲自推动刊号申请、组织编辑等工作，并作为主编一直工作到 80 岁。

刘豹先生是管理学科的开拓者和领路人，没有先生，就没有天大的管理学科。

鼓励创新 宽容失败 宽大为怀

先生勇于创新。他在自动控制领域是全国泰斗，后来瞄准国家需求“转行”到系统工程领域，也做到了全国领先的成绩。70 年代末，刘豹先生还积极推动运用系统工程方法来研究能源规划，他把祖国的需要，当作自己的责任，在科研道路上从未停止求索的脚步。

先生鼓励创新。我在学院做管理工作时，希望进行教学体制改革试验，并为地方培养人才。我曾给吴咏诗校长和刘豹先生打过一份报告：一是要为管理学院招收第一批的 MBA；二是申请招收第一批系统工程专业的本科生。这在当时都是“新事物”，却获得了吴校长和刘先生的大力支持。1988 年，国家进行科技体制改革，我向刘先生提出，想成立一个研究所实验一下，不要学校的编制和经费，就要一块“牌子”。刘先生鼓励我说，别怕失败。天津大学信息与控制研究所由此成立，为加快科技成果转化为生产力做了些探索。

自归国至今，先生人生价值的定位就是为国家培育英才。在我们心目中，先生是一位“严师”，他对学生要求十分严格，学生每一篇论文他都要一遍遍地修改，甚至包括标点符号；在我们心目中，先生更是一位“慈父”，他从来不批评人，总是以自己的言传身教去影响周围的人。他是位仁慈的长者，能够抛下名利，为他人着想。有一次，我在先生指导下所做的科研项目获得了国家奖，本该是刘先生为第一完成人，但他为了鼓励、扶持我，把我排在了项目完成人第一位，我感念至深。刘先生作为一位优秀的领导，知人善任，从不计较下属的失误和不足。大家都能围聚在先生周围，发挥出最大的能量。

刘豹先生一生桃李满天，培养了 80 多名硕士、30 余名博士，还培养出 2 位院士：一位是我校时任常务副校长、中国工程院院士钟登华，另一位是加拿大工程院院士关凌。他自己却不把院士等荣誉看得那么重，他从来不鼓励学生去升官发财，而是鼓励大家要做实事、要创新，谨遵学校“实事求是”的校训。

二、管理学院创院院长刘豹先生立德树人、爱国奉献事迹

贺国光 讲于 2021 年 6 月

同志们，建党 100 周年之际，我作为一个有 45 年党龄的老党员，怀着无比崇敬和感恩的心情参加今天的大会。借此机会，我对为建立和建设新中国而牺牲的先烈们，对为祖国强盛、为人民幸福，在各自的岗位上奋斗一生的前辈们，对为共产主义事业坚持真理、修正错误、无私奉献的真正的共产党员们，表达无比的崇敬。同时，我也感恩于党、祖国、人民对

我的培养，感恩于培养、教育我成长的师长们。

我感谢给我帮助的朋友们、同事们，也感谢给我帮助的学生们。因为教学相长，在我们做教书育人工作的时候、服务的时候，实际上学生也在教育我们。他们提的问题使我们知道哪个地方应该怎么讲，如何去改进，如何去做好教学工作。他们参与我们的各种科研项目，付出了辛勤劳动，也大大地完善了我们的研究成果，所以我觉得应该对帮助过我的学生们也表示感谢。

20 世纪 60 年代，在天大老校长李曙森的倡导下，在全校教师中遴选了 80 人作为培养对象，负责国家的重点科研项目，其中骨干教师有 18 名。他们都是在天津大学发展历程中做出突出贡献的学科带头人，后来就被比喻为“十八罗汉”。2016 年，我们学校两任党委书记刘建平和李家俊，主编了《天大风骨：十八罗汉纪实》一书。这本书记载了他们教学、科研、治学、育人的光辉事迹，缅怀了我校老一辈学者的师德风范。作为我校师德建设的不朽丰碑，刘豹先生就是“十八罗汉”之一。我查了一下，最年长的“罗汉”是现在自动化系的徐庆春先生，他是 1901 年生的。刘豹先生是 1923 年生的，现在还有一位在世的是余国琮先生，他是 1922 年生的，所以刘豹先生是这 18 位“罗汉”当中最年轻的一位。

这次学部党委让我讲的内容是刘豹先生的品德。我希望通过我的回忆，使大家了解为国家科研教学、为天津大学和管理学院做出无私奉献的、德高望重的刘豹先生，了解他的业绩，使老一辈科学家、教育家的精神和品德能够得以继承、发扬光大。

首先介绍一下刘先生一生中的大事和主要履历。刘先生学术生涯可以分四个时段，即求学之路、新中国成立后回国投身教育事业的早期奋斗历程、“文化大革命”期间的不懈磨炼，以及改革开放以后精神焕发努力报效祖国四个历程。现在先生已经成了普遍的称呼，岁数大一点儿就叫先生。

而我们那个时候只是对长辈，特别是对德高望重的那些教授们才称先生，而不是对所有教师都叫先生。

求学之路

那么我在这儿讲的刘先生，不是泛指其他的刘先生，而是刘豹先生。刘豹先生 1923 年 6 月 12 日生于上海，祖籍江苏常州，正巧后天是他的 98 岁诞辰纪念日。他的父亲是刘海粟老先生，是我国著名的美术家、教育家、艺术大师。刘海粟老先生早年留学法国，回来以后，首先在上海创办了上海艺术专科学校，为我们国家艺术教育事业开创了第一所美术专科学校。他还有很多的事迹，抗日战争爆发以后，他不愿意当汉奸，到南洋去，到印尼去为抗日做募捐工作。他八九十岁的时候还时常上黄山写生，成了艺术界的美谈。在将近 100 岁的时候，他宣布他的作品除了给每个子女留一件做纪念以外，其余的都捐献给国家。现在有两个刘海粟美术馆，一个在常州，另一个在上海。所以从这儿看出刘豹先生的父亲是一位非常爱国的老前辈、老艺术家。老先生当年与蔡元培、徐志摩、傅雷等教育文化界的人士交往很密切，在特殊的年代，这些人当时都奔走于为中华民族的崛起而努力的道路上，后来都成为中国历史上的名人。

青少年时代的刘豹先生，就是在这样的家庭环境、社会环境下成长起来的。他既耳闻目睹了帝国主义列强侵略中国的恶行，又受到了前辈们爱国热情的影响，所以他从小立志要为祖国的振兴而奋斗。

1941 年，日本发动太平洋战争，上海成了首难之地。在国难当头之际，刘豹先生不甘做亡国奴，放弃了继承父业的优越条件，毅然决然地选择了背井离乡，与几个同学一起奔赴当时的大后方重庆求学。1942 年，他在上海中学高中毕业后，就读于重庆大学的机械工程系，开启了科学研究的奠基之路，并且为之奉献了一生。1946 年，刘豹先生在重庆大学机械工程系毕业，然后进入了北洋大学，在机械工程系担任助教。当时中国的自然科学研究基础很薄弱，人才很稀缺，他深切地体会到教育和科技对国家的重要性，选择了出国深造。

1948 年 5 月到 1949 年 6 月，他就读于美国的科罗拉多大学研究生院机械力学系，获得了硕士学位。在此期间他学习到了第二次世界大战之后才开始公开讲授的自动控制原理。因为一般系统论是 20 世纪 40 年代初才提出来的，所以自动控制的理论是在 1945 年以后才逐渐形成了一门学科，才有了教材，美国的大学才能讲授。因此，刘豹先生在出国留学的人员中最早接受自动控制理论。在此期间，他学习到了自动控制原理等崭新的课程。一年以后，他获得了硕士学位，虽然这段学习时间不长，但是为他在自动控制领域打下了深厚的知识基础。

1949 年 6 月到 10 月，他毕业以后在美国找了个工作，担任了一段时间的工程师。正当他准备继续深造、攻读博士学位的时候，新中国成立了。报效祖国的信念促使他毅然放弃了在美国优越的工作条件和攻读博士学位的机会。

1950 年 2 月，刘豹先生怀着建设新中国的满腔热情回到了祖国。经过教育部的介绍，他来到大连海军学校任教。那个时候正是刚刚提出来要创建海军的时候，他当时担任船舶辅助基建调研组的组长。1954 年 2 月应邀转到了天津大学任教，因为天津大学更需要他这样的人才。在天津大学，他把所有的聪明才智和心血都贡献给了科学研究和教书育人的事业。

刘豹先生满怀忠贞不渝的爱国情怀，和钱学森等老一辈的科学家、教育家一样，为了祖国的复兴，毅然回国，全身心地投入新中国的科教事业。后来他数十年如一日，兢兢业业、孜孜不倦地在教育战线上辛勤耕耘，用实际行动得到的丰硕成果报效祖国。

早期学术研究和贡献

第二个阶段是讲刘先生前期的贡献，即从 1954 年到天津大学之后，一直到 1966 年之前的这一阶段。这段时间正是刘豹先生 31 岁到 42 岁，正值青壮年的时期，他把最美好的年华奉献给了我国的自动化教育事业。

刘先生 1954 年到 1962 年在天津大学机械工程系任职。1959 年以前，天大还只有机械系一个系。1959 年就已经分成了三个系：机械工程系保留原名，机械二系转成了精密仪器系，机械三系转成了动力机械工程系。后来随着时代的变化，同样一个教研室在不同时期有不同的名称。也是随着科技的进步，学科范围在不断扩展，所以名称会有一些变化。我是按照当时叫什么，就用的什么名字，教研室基本上是一个，只是名字可能有些变化。刘先生担任讲师、副教授，担任化工仪表教研室的主任。他秉承祖国的需要，在没有高级科研设备、没有可供借鉴的成熟的科研成果、没有完备的科研团队的情况下，满怀热忱地投入了祖国的科教事业，为我国的自动化学科的开创和建设作做了不可磨灭的贡献。

1954 年，他根据当年在美国所学的知识以及自己的实践，结合自动控制当时的新进展，编写出了中国的第一本自动控制理论专著，叫《自动控制原理》。1963 年又编著出版了《自动调节理论基础》一书。后者不仅仅是名字上的改变，更是在书中融入了当时苏联教材中的以频域法为主的内容，著作中还有一些他自己研究的频率分析和综合的一些成果。这部著作后来成为许多从事自动化设计的工作者最基础的入门书，在全国自动化领域广为流行，学术影响非常深远。

1954 年，出于国家的需要、化工系的需要，他在全国率先为化工机械专业开了一门新课，叫“化工自动检测与自动控制”。1956 年，他又为后来的精密仪器系创办了全国首个自动化仪表类专业——化工仪表与自动化专业。他开设了自动控制原理新课，为我国培养一批急需的自动化仪表领域的人才做出了重要贡献。

1956 年，他参加了全国第一次科学技术发展规划的制定工作，兼任第一机械工业部仪表教材编制组的组长。那是“调整、巩固、充实、提高”的时期，我记得后来才逐渐地把原来的机械工业部分得越来越细了。他是编制组的组长，负责仪器仪表专业的教材，负责全国高校专业的教学计划、教学大纲和教材建设的工作，参加了一系列全国性的学术会议，做学术报告，为我国仪器仪表专业的开创和发展做出了重要贡献。

作为我校自动化仪表领域的学科带头人，他引领指导学科建设、团队建设和人才培养，取得骄人的成绩。我毕业以后留校，当时教研室就有 50 多名教师。另外，很多知名的大企业如西安仪表厂、上海热工仪表厂等，技术骨干都是我们天大的毕业生，当时天津大学热工仪表及自动化专业在全国是首屈一指的。

1958 年他担任全国气动单元组合仪表的研究负责人。在一些高温、高压、防爆的场合下，都必须设置有系统的、一线的生产现场的仪表，否则就可能会有安全事故。气动单元组合是当时最先进的一种解决方法。他把自动控制的各个环节组成各种自动单元，有执行单元、自动装置控制单元、检测单元等等，这就是自动单元组合仪表。这些最早是从苏联引进的，西安仪表厂就是他们 156 项援建工作之一。但是我们国家要自力更生，1958 年的时候就开始自主研发。刘豹先生作为组合仪表研究的负责人，领导全国同行来开展自动装置的研究。1960 年，刘豹先生还组织全国气动仪表专业人员学习了苏联的气动逻辑元件。这样，当苏联专家撤走后，我们在气动装置方面也就没有被“卡脖子”。

1964 年，他作为项目负责人，我们教研室又承担了“气动模拟计算机”项目。现在多的是数字计算机，但实际上还有很多问题必须要有模拟计算机才能解决。1965 年，该科研项目先后参加全国高校科研成果展览会和全国第一届仪器仪表科技展览会。他在这一期间做出的一系列贡献，不仅为我们国家仪器仪表和自动化领域的发展奠定了基础，也对国际自动化学科的理论与应用研究的发展产生了重要影响，得到了领导和同事们、同行们的赞誉。1963 年，他在 40 岁的时候晋升为教授，后来成为“十八罗汉”中最年轻的“罗汉”。

十年动乱期间的坚持

1966 年到 1976 年，是我们国家十年动乱期间。“文革”开始不久，我们学校的 18 位罗汉无一例外地都作为反动学术权威、牛鬼蛇神，受到了不同程度的政治上的迫害，甚至人格上的侮辱，承受了巨大的舆论和精神压力。开始一段时间，他们被关进牛棚，不能回家，每天打扫卫生或接受批判。在停课闹革命期间，所有的教职工都不能搞教学科研工作。刘豹先生白天在教研室跟大家一起参加政治学习，有时还要去到其他地方接受各种形式的批判会。

大约 1970 年，部分教学科研工作开始恢复了。有教学任务的教师，开始按照当时的要求讨论如何教、如何改，编写新的教学大纲、新的教材。个别有重大科研任务的教师也开始忙于科学研究、科学项目。

那时候，刘豹先生还没有恢复教学科研工作。这对把教学科研当作自己事业、把学术研究作为自己责任的刘豹先生来说，的确是精神上、思想上莫大的打击。虽然让他回家了，虽然不按敌我矛盾对待了，他精神上的压力还是很大。我们知识分子都有深切的体会，不让搞学术、不让搞研究、不让搞教学，精神压力是比较大的。在这种情况之下，他并没有消沉，而是在下班以后把时间、精力集中在大量阅读专业文献上，以便了解学科的发展动态，捕捉学科发展的方向。他坚信暴风骤雨终究会过去，祖国会需要教育、科研来提高科学教育水平，这也是一个为人师者的责任和义务。

1973年左右，系统模拟计算机驱动件有了新的技术，叫射流技术，刘豹先生为我们教研室争取到了天津市科委的项目叫“射流计算机的研制”，我也参加了这个项目。刘豹先生和我们一起承担这个任务，负责研制“射流乘法器”。这个任务完成以后，他又把精力投入自动控制发展方向上来，并已经开始注意到有关系统工程的文献资料了。这为他几年后参加全国科学大会，建议国家注重系统工程研究和应用，以及为我们学校系统工程学科的创建都积累了深厚的知识基础。

刘豹先生就是在这样苦难的环境下，本着爱国奉献的精神，淡然地对待风雨坎坷，矢志不渝地坚持学术研究，默默地在科学研究上勤奋地耕耘，度过了“文化大革命”的十年时光。十年可不短，在那个环境下，这真是一个难能可贵的品德。

晚年的再辉煌

1976年，刘豹先生已经年过半百，53岁了。1977年，他重新回到了教研室主任的岗位，这个时候我们已经从精密仪器系调入了自动化系，这个时候叫自动化仪表与自动装置教研室。虽然已经改了名字，但还是同一个教研室。

1978年，他担任了自动化系的系主任，精神焕发地投入随之而来的各种工作当中，又勤奋工作了20多年，这是他一生当中最繁忙、硕果累累的时期。直到1999年，76岁退休，他再创了终身热爱的教书育人、学术研究事业的辉煌。其中他做得最大的一件事情就是学术研究方向由自动控制转向系统工程领域，这是他一生当中最大的创新、转折、开拓、进取。

前面提到过，他早在几年之前就已经开始从文献当中了解到，在1969年美国的阿波罗11号登月成功。1972年，欧洲成立了国际应用系统分析研究所，即IIASA。当时国际上已有一些自动控制领域的专家，将研究对象从物理系统扩展到社会经济、生态环境等一系列有人参与的系统，这是一个很大的转向。不仅因为涉及人，而且由于系统工程比我们处理物理过程涉及的内容要广泛得多，面对的问题要难得多，因而下决心转向的确是不容易的。

很多人为刘豹先生惋惜，如果刘豹先生还留在自动化、自动控制系，早就是院士了。转到这边来，是因为时代、科技发展各个方面的原因。我跟刘先生相处将近 57 年，近距离接触了 57 年，我们经常在一起交流、工作。我们谈的都是工作，都是学术，他从来不提名利这些方面的事情。

当时国外已经兴起了系统工程，而且在一些领域里已经有很多反映系统工程作用、影响的取得成就的文献。他很敏锐地认识到，随着时代的发展，人类将面临越来越多的社会、经济、环境等方面的问题，我们国家也避免不了这方面的问题，而且这些问题会越来越复杂、越来越难，国家一定会需要相关的科研工作。所以他就想把系统工程学科在我们国家尽早地创建起来，尽早地成立专门的机构，集中优势力量，包括自动控制、管理学科、数学、社会科学、经济学、环境科学等方面的科技人员，来研究系统工程的理论方法。应用首先需要人才，需要系统工程方面的专业人才。

1978 年，全国科学大会开启了我们国家改革开放的科学的春天。刘豹先生参加了全国科学大会，参与了全国科技发展规划问题的讨论。我记得当时全国抽调了 30 多人去高教司协助工作，负责人是刘道玉，就是武汉大学后来的校长，他是留苏回来的留学生，学化学的，特别务实，负责整个高教司的工作。我们学校抽调了 3 个，南开大学抽调 2 个。我抽调去工作了大概 10 个月，所以了解一些科学大会的进展以及筹备情况。

当时在全国科学大会上，钱学森、关肇直、刘豹、陈珽等 6 位科学家提出书面建议，其主要内容为“呼吁成立专门机构开展系统科学和系统工程研究”。全国科学大会以后，教育部于 1978 年 7 月，批准全国 5 所高校成立系统工程研究所，明确这个所是系级编制单位。

1977 年 7 月到 1978 年 9 月，刘豹先生担任天津大学自动化系的系主任，同时兼任系统工程研究所的所长。刘豹先生带领我们自动化仪表组的 6 位教师，我是其中之一，后来又从外校陆续调来的 6 位老师，加上从自动化系其他单位抽调的十多位同事，一共 20 人左右，成立了系统工程研究所。成立的初期，没有脱离自动化系。

为了尽快地完成专业方向的转型，在刘豹先生指导下，一方面所里组织大家进行专业培训，请校外包括南开大学数学系、中国科学院数学所的专家，还有其他一些专家来补一些必要的知识，缺什么就补什么。另一方面鼓励大家自学，自学系统工程各方面的理论和方法。凭借已有的基础和教学科研的经验，我们这些人边干边学、边学边干。经过大概半年多的时间，大家很快就进入了状态，开始从事系统工程领域的理论和应用研究。1978 年承担国家重点研究项目“研究系统工程学——解决大系统的最优设计、最优控制和最优管理”，这是由刘先生负责的一个国家级重点课题。

在刘先生指引下，研究所通过上述这样一些工作，很快就锻炼形成了一支系统工程领域的科技骨干团队。有学位制以后，我们系统所成为全国首批系统工程硕士点、博士点。1988 年，系统工程学科被评为全国重点学科。

系统所从 1978 年就开始招收研究生。在这期间，我们所还与天津市科委下的科技进修学院合作主办了很多期系统工程培训班，来推广系统工程，为天津市培训各部门的处级以上领导干部，对提高他们的管理水平、决策能力以及一些普及性的系统工程知识，起到了很好的促进作用。

1982 年，根据国家科委和欧共体签订的协议，天津大学建立了能源规划培训中心。因为能源危机是世界性的，欧共体也希望中国的能源能够规划好，帮世界摆脱能源危机，中国的市场大，所以他们愿意跟中国合作来解决能源问题。其中有一项就需要有能源规划的培训中心，需要管理人员从规划就开始做好管理决策的工作。培训中心先后为全国能源规划培训专门人才400多人，同时也扩大了我们国家在这个领域的国际交流合作。通过与其他国家之间的合作交流，我们很多教师到国外学习进修，提高了系统工程这方面的教学水平、专业水平，也为国家普及系统工程、推广系统工程起到了很好的作用。

1980年，刘豹先生与全国21位科技界的同人共同发起成立了中国系统工程学会。第一届协会理事长是关肇直。刘豹先生连续担任了三届中国系统工程学会的副理事长，创办了学会的会刊《系统工程学报》，由天津大学负责。刘豹先生直至退休之前，一直担任《系统工程学报》的主编。鉴于刘豹先生对国家、天津市和我校系统工程发展的突出贡献，1980年到1983年，他连续三年被评为天津市级劳动模范。

随着时代的进步和科技的发展，自动控制领域中，学科在不断地更新，不断地有前沿的东西出现，有新的成果出现。刘先生在1983年就出版了《现代控制理论》这一本书，它普遍吸收了20多年以来，自动控制领域在世界上的新成果，它以状态空间方法为主线，增加了部分非线性系统方面的新进展，这些都凝聚了刘豹先生的心血和辛劳。

随着社会经济发展，我国对管理学科越来越重视，国内各个重点大学陆续成立了管理学院。1984年，天津大学将管理工程系、系统工程研究所两个系级单位合并成立了管理学院，刘先生任创院院长。管理学院建立后，仍以系所为基本核算单位独立运行，学院负责学科建设，直到1995年管理学院实体化。

1987年，技术经济与系统工程系成立后，系统工程专业本科生归到了技术经济系。很多教学的任务，都是由技术经济系的老师们去承担，系统所还保持培养研究生。

1984 年，世界能源危机来了，我们面对着如何应对能源危机的严峻问题，这正是应用系统工程解决国家重大社会经济问题的机遇。在刘豹先生的带领下，系统所争取到了国家能源工业模型系统项目，刘豹先生和他指导的博士生圆满地完成了这个项目。项目的总体设计、思路设计、各个子课题的验收检查都是刘豹先生亲自承担的。项目获得了国家教委科技进步二等奖，也获得了国家科技进步奖励，这是我们最早完成的国家级的系统工程方面的课题。

1986 年，刘豹先生作为课题负责人，完成了“随机规划及其在节能系统当中的应用”这个项目，获得了 1987 年的天津市软科学二等奖，1987 年出版了著作《系统工程导论》和《系统工程概论》。同年，他当选为国际自动控制联合会（IFAC）系统工程委员会的副主席。

刘豹先生利用在动态系统变值方面的丰富知识，多年以来，带领一个研究小组，研究适合我国特点的社会经济系统建模理论方法，提出了包括小样本、大噪声、变结构、变参数等多种建模方法，以及模型选择的原理，为我国宏观经济决策提供了一整套社会经济建模的理论，实际应用证明了这个理论对解决社会经济问题当中的部分问题是有效的。1988 年，在他联合主持的 IFAC 第八届系统辨识及参数估计研讨会上，他做了大会主旨报告，介绍了这项研究成果，受到了国内外专家的好评。

凭着敏锐的科学精神，他很早就注意到了美国匹兹堡大学 Saaty 教授提出的层次分析法（AHP）。现在 AHP 已经在我们国家许多领域得到广泛应用，应用反过来又促进了理论的进一步完善。在 20 世纪 80 年代初，刘豹先生就敏锐地注意到了 AHP 是一个原理简洁直观、行之有效的好方法。他和他的学生为在我国推广应用 AHP 做了很多工作，还出版了一本书。1988 年，刘豹先生和 Saaty 教授共同主持的、在我们学校举行的第一届国际层次分析法学术会议，对我们国家层次分析法的推广起到了很好的作用。

1989 年，他指导完成了“城市能源管理信息系统”，获国家教委科技进步（软科学）二等奖，并获天津市科技进步二等奖。1990 年，在刘先生的争取和具体指导下，庆祝中国系统工程学会成立 10 周年大会以及学术年会在我们学校圆满举行。

1991 年，他在美国匹兹堡大学与 Saaty 教授合作研究 AHP 的新理论、新问题。1991 年 8 月，他应邀到德国雷根斯堡大学与 Niemeyer 教授合作研究“一类基于群体判断理论新型的决策支持系统”。刘先生的成就，主要应用领域是在能源规划方面，而理论方法如层次分析法、系统辨识等方法，已经进一步地深化到群体决策当中的一些理论性的问题。这个时候他已经快 70 岁，还在不断地学习，不断地拓展、进取。

1994 年 8 月，他主持在天津大学举办的国际自动控制联合会（IFAC）第七届交通系统学术研讨会。1999 年 3 月，他在 76 岁的时候退休。退休前他一直指导多名博士生进行系统工程领域前沿的难点热点问题的研究，涉及复杂系统的状态行为预测、系统管理中的决策、不确定性推理等等。退休以后，他仍然工作了一段时间，直到他所指导的最后一个博士生完成答辩。

他一生的学术经历概括起来，就是整个研究领域的转向：从自动化到系统工程。自动化包括两个部分，一个是控制理论，一个是仪器仪表；系统工程也是一样，一方面是系统工程的理论研究，另一方面是系统工程的实际应用。

总结先生的学术思想是这样几条：首先，科学研究的方向和选题，都是以国家需要为准则，国家需要什么，他就研究什么、做什么。学术理论研究密切结合实际，他不会假设一个题目、想一个题目去做，浪费自己的时间，也浪费学生的时间。他不会做这事，他都是结合实际的，那些理论性的问题是从实际当中出来的。不是从别人的文献出发，而是回到原问题去，根据原问题客观实际的情况来做研究，解决原问题。否则，人家走错了，你就也走错了，人家假设不对，你也假设不对。他做研究，都是密切结合实际，涉及面很广，两个领域成果都很丰硕。可以看出他求真务实，精益求精，水平高，贡献出类拔萃，对国内外影响巨大。

其次是在教书育人方面，他为天津大学创建了“化工仪表”（后来改称“热工仪表及自动装置”）专业，培养了数百名本科生，该专业教学水平在全国高校名列前茅。这个专业是当时全校最累的，因为既要学化工原理，又要去学物理化学，热工学也要学（因为电厂这些用热源的单位，包括供热站等等都要用到自动化），机械、仪器仪表、机械零件、机械原理等等，电子学、电工学都要学。现在想来，他为我们打下很扎实的、很广阔的、可以应对各种场合的、做系统自动控制方面需要的基础知识根基。所以我们培养的人才出去很受欢迎，能够成为各个单位的骨干。这是刘豹先生的远见，使我们这个专业教师水平成为全国首屈一指的。

他为本科生讲授了很多年“自动控制原理”课程，包括现在都已经退休了的很多老师，当时都是听他的课而学的自动控制原理。他还教授“化工自动检测和自动控制”课程。在天津大学创办的系统工程研究所，刘豹先生创建了“系统工程学科”，带出了一个实力雄厚的骨干研究团队。他带领该学科成为国家首批硕士点、首批博士点，是首批评定的两个重点学科之一。这个团队为国家培养了近千名硕士、数以百计的博士，我们后来的几个院长、学部领导都是他的博士生。刘豹先生亲自指导培养的硕士有80多名，博士30余名，其中有两位现在已经成为院士。1982年，根据国家科委与欧共体签订的协议，在天津大学建立了能源规划培训中心，培训能源规划专门人才400余人。他三次创办国内新的专业，新专业质量都名列前茅，这是很不容易的。这些都体现了他开拓进取的精神、精益求精的品德。

每次创办的新专业都比较快地带出了一批结构合理、实力较强的教学科研队伍。国内最早讲授的两门新课程都是由他编写教材，他及时地编出教材，及时地更新教学内容。他创办的系统工程学科，在国内是名列前茅的，为国家培养了很多学生，他们都成了很多单位的骨干力量。同时他还注重进行实验的培训班，很重视推广工作，培养普及型的人才。

此外，除了科学研究和教书育人之外，他还多次参加原机械工业部、教育部、科技部等部委的编制科教发展规划的会议。在担任天津市全国政协常委期间，他都认真地履行职责，提出了一些有参考价值的建议、提案。他应邀在很多的学术大会上做报告，他在所涉及的领域的真知灼见，给很多听他报告的与会者以启迪。他社会工作的贡献，也是他一生当中业绩的重要组成部分。

下面我来谈一谈刘豹先生的高贵品德。

从上面简要回顾了刘豹先生的一生经历的大事，我们可以从宏观层面看到一个老一辈知识分子的代表。他为了实现自己的强国梦，数十年如一日，无论是顺境还是逆境，都兢兢业业，无怨无悔，用广阔的胸怀、坚强的毅力和强大的实力，在科教战线上矢志不渝地奋斗着，把毕生的精力和智慧贡献给了祖国。在教书育人的过程当中，他从不求回报，有大家风范。他的这种精神和他的科技成果一样，深深地铭刻在学生们的脑海中。

我引用五位有代表性的学生对他的评论：

“刘豹刘先生是老一辈知识分子的代表，在他身上集中体现了那一代知识分子对国家、对民族、对事业、对学术、对学生的热爱、热情、热衷和热心，可以说刘豹先生代表一代人。”

“刘豹先生十分开明，很重视人才，凡是他认为对学科发展有利的东西都会引进来，不断鼓励团队成员去创新。他处理事情十分公平，从不厚此薄彼，谁做出成绩他都会很高兴，谁提出了好的方向，他都会力所能及地给他们创造条件，让他们去做。”

“刘豹先生在对学生教育时，是身教重于言教，他对学生的严不是口头上的，而是身体力行的，他不停地研究，我们必须不停地、不断地学习，才能跟得上。”

“系统所今天所取得的成绩都是在刘豹先生带领下一点点积累起来的。”

“刘豹先生聪明智慧，勤奋钻研，知识渊博，学术水平高超，剖析问题犀利，严谨治学，在同行内德高望重。”

学生们2002年为他庆祝80岁华诞的时候，送给了他一个匾作为寿礼，匾上雕刻着“高山仰止”四个大字，这比较准确地表达了学生们对他的评价。他的业绩、他的经历、他的思想境界、他的学术水平在我们学生当中是一座高山，是我们望尘莫及的。我想一个人能做到这样是很不容易的。

刘豹先生在天津大学工作了近60年，就工作在我们历届学生的身边。下面谈一谈我的亲身感受，微观地介绍几个刘豹先生待人接物、做人处事的具体事例，师恩难忘，这是我亲身体会到的。

我是1959年入学的1964届毕业生，当时是5年制，报天津大学的时候是机械系，后来被分到了精密仪器系，在计算机专业学习。1962年全国专业调整的时候，天津大学的计算机专业整个班就调整到了热工仪表及自动化这个专业。这才有缘分能够有机会直接接触到刘豹先生。近50年的耳濡目染，我亲身体会到他的高尚的人格魅力，待人善良诚恳，具有勇于探索、开拓进取的创新精神，以及勤奋自学的严谨学风。

20世纪60年代初，刘先生已经指导研究生了，所以每年教研室在指导本科生毕业设计时只分给他一个本科生。我很有幸在1964年上半年被分配由刘豹先生指导我做毕业论文，这是我第一次近距离接触到他。大概是 1964 年 3 月初，我在教研室拜见刘豹先生，至今已经 57 年了。当时的情景还仍然历历在目，他给我指定的题目叫“相平面法”，给我指定的是一个二维的微分方程，闭环的、泛化的一个微分方程，怎么尽可能找出一个简便的工程运用方法，怎么去从原理上改进它，拿出的成果能够便于其他人研究。这是关于根轨迹法的深化和扩展的课题，也是后来 70 年代状态空间理论的一个基础性的课题，从这个选题的前瞻性就可以体会到刘豹先生学术研究当中勇于开拓进取的创新精神。

1964 年刘先生就给我准备了这个课题，后来 70 年代才有状态空间，可以看出他的前瞻视野。他做研究不是国外有才去做。首次面谈的时候，他给我指定了参考文献，要求我两个星期以后，在指定时间汇报文献阅读的情况和初步的研究思路。

听过我的第一次汇报以后，刘先生耐心地回答了我的问题，逐个问题和我讨论。他细致地讲解对论文的要求，告诉我如何分解问题，把一个问题分解成若干个子问题，子问题之间的关系怎么样，前后顺序怎么样，都跟我讲得很清楚。他要求我再过一个星期写出详细的研究大纲，汇报对第一个子问题的详细研究内容，然后跟我讨论修改。后续就是逐次汇报子问题的研究进展情况，开展下一步的研究方案，讨论研究问题，对内容当中存在的问题给出修改意见，布置下一次的工作。只要他没有出差或参加其他重要的会议，都会根据时间长短布置任务量，都跟我约见一次指导，直到我完成整个研究内容，交出论文的初稿。

他对我写的论文稿逐字逐句地、仔细地看，要修改的地方给出标注。从写作的格式，到科技词汇、专业术语的选用，以及语句、文字、标点符号等等，都字斟句酌地、极其认真地修改，还给我讲修改的理由。我的论文稿经过他两次修改，定稿以后正式誊写上交。他精益求精和严谨的态度给我印象特别深。

写毕业论文过程中能够得到刘豹先生指导，我的收获非常大。这让对学术研究一无所知的我迈出了坚实的第一步，为我后来从事学术研究和写论文打下了基础。他的言传身教为我做了一次如何教书育人、为人师表的示范，为我后来从事教育事业树立了标杆。

从他的教导中，我学到的不仅仅是自动控制理论当中的新知识，感受到的不仅仅是他高超的学术水平，更重要的是让我第一次亲身感受到刘豹先生的高尚品德，包括他严谨的治学精神，平易近人、善良诚恳的做人原则，以及他严格要求自己、一丝不苟、精益求精的行事作风。

他对学生的严格要求体现了他对学生的热爱。他讲话总是面带笑容，轻声细语、耐心讲解，从不发脾气。这些一点一滴的言行，给我留下非常美好的印象，深深地扎根在我的心里。刘豹先生在指导我做毕业论文以后，推荐我留校任教，对我有知遇之恩和培育之恩。此后，他在工作当中又给了我无数次的指导教诲和帮助，令人终生难忘。

我们 1964 届留校毕业生，按照学校安排，统一分配到机械制备厂和动力厂去劳动锻炼三个月，后来我们这批人又转到石家庄的赵县，去参加工作。几个月后，直到 1965 年的 4 月份才分配到教研室工作。我很幸运地被分在刘豹先生的身边，他指定我成为他的助手，这样又直接得到了他的指导。

在他的指导下，气动仪表组的研究项目作为我们学校的科研成果，参加了全国高校仪器仪表展览会。我去北京展览馆做了大概 4 个月的讲解员。展览会结束以后，我两次到中国科技情报所协助刘豹先生查文献资料，他给我列写了文件资料的清单，详细地讲解了查阅资料的有关细节。当时查文献资料是个非常不容易的事，很多前沿的、及时的科技资料是很难得到的、非常珍贵的。即便是弄到了一些文件，也只有当时的中国科技情报所才有，而且还是缩微胶卷，必须凭介绍信才能拷贝回来，只有到我们学校图书馆用文献阅读器才能够阅读文献。

国际上公开发表的科技刊物也不多，订购也很贵，经费少的一些院校根本订不起。我们学校只有很少的一些专业能够订购稍微多一点儿，一般一个专业订购一两本就不错了。由此可以想象到，刘豹先生在这段时间一直坚持阅读国内外的文献资料是多么不容易。

1965 年末和 1966 年初，刘豹先生曾经两次带我到北京科学会堂。刘豹先生应邀去做了两次学术报告，一次是关于自动控制理论研究动态方面的报告，一次是关于射流技术研究动态的报告。他的学术报告风格跟他讲课一样，内容丰富，条理清晰，深入浅出，效果特别好，很受欢迎。

1978 年成立系统所，我在他的带领下投入了系统工程理论与应用领域的研究和教学工作。开始阶段刘先生还兼任着自动化系的系主任，工作更加繁忙了。

成立系统所的时候由三个人组成核心组，我有幸成为核心组成员之一，刘豹先生是主要负责人。还有后来的天大校长李光泉，他当时是所里的书记兼副所长，我负责实验室建设。1979 年，领导就安排我学习德语一年半，培训结束以后到德国做访问。在选择德国的大学和选择导师的时候，刘豹先生给了我很好的指点，帮助我分析了国家的需要。受“文化大革命”影响，我们国家自动控制的发展受到了阻滞。而系统工程理论和应用的研究，特别是系统工程当中涉及动态问题的研究、动态的管理和控制这样一系列的问题，需要掌握自动控制的前沿知识。因此刘豹先生建议我最好能够联系从事自动控制的德国最好的学校和最好的教授。1983 年 2 月，我从德国进修回国，回国以后刘豹先生希望我能够继续做一段自适应方面的研究工作，同时等待合适的系统工程项目来确定下一步的研究方向。当时我还是讲师，不能招收研究生，他就把两个研究生分交给我来指导，以便我能够继续把在德国学到的知识用上，并进一步地做研究。

1983 年，由于系统工程研究所在国内已经有较大的影响力，河南郑州公用局领导专程到研究所调研，提出两个方面的研究课题，一个是郑州水资源规划项目，一个是公共交通线路优化项目。

经过征求意见，刘豹先生安排李光泉教授和我去郑州做实地的调研，回来以后就分工，李教授负责水资源规划的项目，我承担了公交线路优化的项目。从此开始了我对交通系统工程的研究，一直到今天。我是 2009 年就正式退休了，但是仍然坚持工作。可以说刘先生给我创造了机会，指导我选择交通系统工程的研究方向。后来我从事的每一个研究项目的开题、研究方案的确定、研究过程的难点的讨论，以及项目鉴定验收等，各个环节刘豹先生都给予了大力的支持和指点。

刘豹先生 1987 年当选国际自动控制联合委员会（IFAC）系统工程委员会的副主席。1988 年主持 IFAC 第八届系统辨识和参数估计的研讨会，之后实时地为天津大学争取到了国际自控联第七届交通系统学术会的主办权，这是当时系统所以及我们学校承办的级别最高的一次国际会议。1994 年 8 月会议圆满成功，已经是古稀之年的刘豹先生，为此付出了很多的精力和心血。我心里知道，他是出于对我们交通系统工程研究方向的鼓励和支持，为了扩大我们研究成果的影响力，他呕心沥血、不辞辛劳，这使我深深地感受到他的高尚情操。

再说一个事情，1986 年左右，我家的住房也很紧张，当时我的儿子已经上高中了，女儿上初中了。一家四口人还挤在只有一个卧室的小房间里，但是我没有跟谁说过，也没跟领导争取什么，我看其他的老师也都这样。刘豹先生知道我的困难情况，他在赴美国讲学的一年期间，说是让我们帮他看家，让我们在他家住了一年，他家是三居室，这样就帮助我缓解了住房的困难，这是实实在在地帮我解决了一年住房的困难。后来别人告诉我，他在回国之前给校领导写信，向学校反映我的住房困难问题，希望学校解决这个问题。不久之后，学校领导就特批解决四个教师的住房困难问题，其中包括我。刘豹先生和他的夫人对我们的无微不至的关怀，我和家人永远记在心里。

刘先生家里悬挂着两幅珍贵的书法作品，一幅是《宇宙大观园》，是他的父亲刘海粟老先生亲笔写的，我记得落款是“年方八十八”，也就是88岁的时候写的。这个字，表明了治学要做到宇宙大观，既要有高度，又要有实事求是的态度，客观地看待客观存在。另一幅是刘海粟老先生的夫人写的，上面写的是“宠辱不惊，看庭前花开花落，去留无意，望天上云卷云舒”。这也是刘豹先生一生的生动写照。作为科学的巨人，他入过《中国科学家辞典》，潜心科研，不断地深入，创造科学价值。“文化大革命”期间，巨大的舆论和精神压力，没有阻挡他前进的步伐，仍然在继续坚持，无论身处顺境和逆境，他淡然处之、一笑置之，爱国奉献这四个字深深地印刻在他的心中。直到仙逝，他都保持着工作当中的纯粹和生活当中的祥和，他用自己的实际行动向大家示范了如何为国家和民族做好本职工作，提醒我们每一个人要对名利场上的种种诱惑，保持清醒的头脑和自我克制的决心，要淡然面对困难和挫折，优雅安详地度过人生。

刘先生是一位优秀的老一辈爱国知识分子，是我党久经考验的、可靠的朋友。他的精神品德、情操是我们经管学部的宝贵财富，我们在座的都是党员，都肩负着中华民族伟大复兴的重大使命，我们有责任有义务在本职岗位上自觉地践行和弘扬高尚的师德师风，使刘豹先生爱国奉献、精益求精的精神发扬光大。

以上这些是我个人的体会感想，欢迎大家批评指正。

（根据贺国光在管理与经济学部思政大讲堂的发言，原文由宇文慧、李澳宇整理。）

三、深切缅怀先辈高尚师德——刘豹先生百年诞辰纪念感言

贺国光 写于 2023 年 5 月

在恩师刘豹先生诞辰百年纪念日前夕，我怀着无比敬仰和感恩的心情写下这篇感言，缅怀刘先生为国家科教事业的发展和天津大学的学科建设所做的突出贡献，回顾他为我们这些后辈的学习成长付出的心血，以弘扬在他身上体现的中华民族优良传统美德，激励后辈学生们健康成长。

我属于“生在旧社会、长在红旗下”新中国培养的这一代人。我 1959 年 8 月考入天津大学精密仪器系，1964 年 7 月毕业于刘豹先生当主任的“热工仪表及自动装置”专业。很幸运被选中由刘豹先生指导我做毕业论文，毕业后留校工作。从 1964 年初开始亲身受教于刘先生，至 2013 年 7 月刘先生仙逝，约有半个世纪一直在刘先生关怀教导下学习和工作，长期耳濡目染了刘先生的高尚品德和人格魅力。千言万语说不尽半个世纪我所经历有关他的事迹和具体细节，限于篇幅，只能从他的爱国情怀、事业心、人品修为和价值观四个方面简要地谈点儿我的体会感悟。

刘豹先生 1946 年毕业于重庆大学机械工程系，随后进入北洋大学机械工程系任助教。1948 年 5 月到 1949 年 6 月，他就读于美国科罗拉多大学研究生院机械力学系，获硕士学位。1949 年 6 月到 10 月，在美国费城任工程师。正当他准备继续深造攻读博士学位时，新中国成立了。报效祖国的信念促使他毅然放弃在美国优越的工作条件和攻读博士学位的机会，1950年2月刘豹先生怀着建设新中国的满腔热情回到祖国。经教育部介绍，他来到大连海军学校任教，担任船舶辅助机械教研组组长。1954 年 2 月应邀转到天津大学任教。至此，他在天津大学把所有的聪明才智和心血都贡献给了科学研究和教书育人事业。刘豹先生一生中无论是“顺境”还是“逆境”都真正做到了“宠辱不惊”，他始终满怀忠贞不渝的爱国情怀，数十

年如一日兢兢业业、孜孜不倦地在教育战线辛勤耕耘，取得了教书育人和科学研究的丰硕成果，实现了报效祖国的理想信念。他和钱学森等人一样，是中国老一辈科学家、教育家的优秀代表，刘先生是天津大学的一座丰碑。

刘豹先生事业心极强，他一直秉持高瞻远瞩、开拓创新、精益求精的思想，做好其担负的教书育人、科学研究的每项工作，是我们学习的典范。

刘豹先生学术研究上一直站在当时所专注领域的前沿高度，根据当时我国现实情况和社会经济发展的需要来确定研究方向、选择课题和制定教学计划，为国家培养高质量的人才。1954 年，他编写出版了中国第一本自动控制理论专著《自动控制原理》；1963 年，编著出版《自动调节理论基础》一书；1983 年，编著出版了《现代控制理论》；1987 年，编著出版了《系统工程导论》。这些著作都融入了当时国际上该领域最新研究成果以及他指导带领学生们研究的新成果，成为全国许多从事该领域学习和研究工作者们的主要教材。他的四部著作都是学术精品，学术影响广泛深远，为我国培养一批急需的自动化和系统工程领域的人才做出了重要贡献。

1954 年，他在全国率先为“化工机械专业”开设了“化工自动检测与自动控制”新课。1956 年，他作为我校自动化仪表领域的学科带头人，在天津大学精密仪器系创办了全国第一个自动化仪表专业，在他的带领下该专业在 20 世纪 60 年代在我国同类专业中排名第一（自动化仪表专业委员会主任单位）。1977 年 7 月，教育部批准天津大学等五所大学成立“系统工程研究所”，刘豹先生担任所长。在刘豹先生的指领下，系统所组织系统工程领域基础知识的培训和专业知识的自学交流。与此同时，刘豹先生及时与国家有关部委及天津市科委联系争取支持，为大家创造条件开展系统工程领域的教学和科研项目工作。只用了约半年时间，大家就进入研究状态，边干边学地开始从事系统工程领域的理论与应用研究。在刘豹先生的指引下，系统所很快锻炼形成了一支系统工程领域的科技骨干团队，成为全国首批系统工程硕士点、博士点和首批评定的两个重点学科之一。1984 年，天津大学成立管理学院，刘先生担任创院院长，他尽心竭力地带领大家做好学科建设发展以及不断提升学术水平的工作。经管学部取得的骄人成绩与刘先生带领大家打下了坚实基础所做出的贡献是分不开的。他先后创建的两个专业和管理学院取得的成就，充分体现其对待科教事业所秉持的“高瞻远瞩、开拓创新、精益求精”的思想。

刘豹先生 1958 年担任全国“气动单元组合仪表”研究负责人，领导全国同行开展气动自动装置的研究。1960 年组织全国气动仪表专业人员开展气动逻辑元件技术研究。1964 年，他作为项目负责人带领教研室气动装置研究组成功研制“气动模拟计算机”，该成果 1965 年先后在全国高校科研成果展览会和全国第一届仪器仪表科技成果展览会展出。1978 年承担国家重点课题“研究系统工程学——解决大系统的最优设计、最优控制和最优管理”。1984 年承担“国家能源供应模型系统”项目的总体设计和各子课题检查验收工作，1986 年，该项目获得国家科技进步二等奖。1986 年负责完成“随机规划及其在节能系统中的应用”项目，获天津市软科学科技进步二等奖。这些都是密切结合当时国家社会经济需求的具有创新性的研究成果。

刘豹先生 1956 年参加了全国第一次科学技术发展规划的制定工作，兼任第一机械工业部仪器仪表教材编审组长，负责全国高校该专业教学计划、教学大纲和教材建设工作。1977 年参加了教育部和第一机械工业部的科学发展规划工作，随后又参加了全国科学技术规划会议。1978 年在全国科学大会上，他同钱学森等共六位专家提出了“发展系统工程”的书面建议，这个建议得到国家的重视，随后全国广泛兴起了学习、普及和应用系统工程的热潮。1980 年，他联合科技界有关人士发起成立“中国系统工程学会”，他担任副理事长兼任系统工程学报主编。1987 年开始担任国际自动控制联合会（IFAC）系统工程委员会副主席。1988 年作为中外双方联合主席主持了 IFAC 第八届系统辨识及参数估计研讨会。同年他与层次分析法创始人 Saaty 教授共同主持了在天津大学举办的第一届层次分析法国际研讨会。1994 年，他作为大会主席在天津大学主持举办了 IFAC 第七届交通系统国际研讨会。刘先生曾任国务院学位委员会自动化专业组评议成员，1991 年又作为该委员会管理科学组评议成员兼召集人。此外，他还受聘担任了国家部委一系列学术咨询委员会的专家。在这么多的社会学术兼职工作中，他都做到了尽职尽责地完成好咨询工作，为我国科教事业及相关经济产业的发展献计献策，无私地贡献了他的学识和智慧。从 20 世纪 50 年代开始直到 90 年代末，他近百次受邀在各种级别相关学科的会议上做学术报告，每次都获得很高的评价和赞誉，为科学技术的发展与普及做出了突出的贡献。由此可以看出，刘豹先生除了出色完成了天津大学的各项本职工作外，还高质量地完成上述一系列国家发展社会经济需要的科技咨询和普及工作，充分体现了他可贵的事业心和责任感。

刘豹先生的高尚品德和大师风范令学子们“高山仰止”，令同人们敬仰赞誉。凡是与刘豹先生交往过的人（无论是校内他的学生、同事，还是校外同辈、晚辈同行）都普遍赞誉他的高尚品德和人格魅力。他一生严格要求自己，他的言行充分体现了中华文明的美德。

刘先生关爱学生，诲人不倦，为人师表，他对学生的要求很严格，办事非常认真，他严谨治学的精神体现在指导学生和科研项目研究的全过程，从理论方法的理解运用，到学术文章的字句表述，都要求做到一丝不苟。他教书育人的方式是“行重于言”，也就是说，遇到问题他不是指责教训别人，而是以身作则地带领学生多思考、多讨论，在每个具体问题的分析解决过程中做出示范，以其表率作用来教导影响学生们，让学生们自然而然地形成严谨治学、勤学深思的作风。

他谈吐非凡，特别是在学术会议正式场合讲话，他总是针对会议主题言简意赅地发表真知灼见，深入浅出地说明理由以论证其观点，条理清晰地展现出其学识超群、造诣深厚、厚积薄发的才能。他平时说话不多，与人谈话总是和颜悦色、低声细语，有时还带点诙谐幽默，以平等商量式口吻表达他的看法，我从来没有见过他生气发火。他的这种修为是常人难以企及的。

最后，关于他毕生践行的价值观问题，谈一点儿我的感悟。我从他一生的事迹可以感悟到，他毕生在追求“真、善、美”。他为人处事实事求是，讲真话，办实事，选择科学研究方向和课题充分考虑国家的现实需求，立足于实际环境条件。他以身作则，以高修为的实际行动教育人、影响人。他讲诚信，待人仁爱友善，心怀宽阔，时时处处为对方着想。他与人为善，当他知道周围人有困难时，总是想方设法从精神上和物质上帮助别人解决困难。他毕生严格律己，力求完美高尚的品德，尽善尽美地完成所承担的工作。前面列举的业绩很好地诠释印证了他所践行的价值观，尽管他没有谈论过。

我有幸能够长达半个世纪在刘豹先生身边学习和工作，亲身感受他的高风亮节，聆听他的谆谆教诲，得到他无微不至的关怀和爱护，沉浸在刘豹先生的恩泽之中。刘豹先生离开我们十年了，他的音容笑貌仍然时常浮现在我的脑海里，仿佛他仍在我的身边，还在时刻指导我、鞭策我不可懈怠，希望我度过有意义的余生。

刘豹先生是老一辈爱国知识分子的优秀代表，是值得我们学习和敬仰的德高望重的前辈大师。他是天津大学的一座丰碑，是师生们的典范。他的精神、品德、情操是我们经管学部的宝贵财富。我们有责任传承好刘豹先生爱国奉献的精神和毕生践行“真善美”价值观的高尚品德，使之一代代得以传承和发扬光大，为实现中华民族伟大复兴连绵不断地培养出一批又一批高质量人才，层出不穷地贡献出高水平的科学研究成果。

四、忆刘豹先生

贺有恒 写于 2023 年 5 月

刘豹先生是我国系统工程学科的开创者之一，天津大学管理学院创院院长。1956 年，他在天津大学创办了全国第一个自动化仪表类专业——化工仪表与自动化，为我国自动化仪表专业的创建和发展做出了不可磨灭的巨大贡献。

1963 年，我幸运地考入天津大学热工仪表及自动装置专业（即现在的自动化仪表专业）学习，记得当时国内设置了这个专业的学校只有六所（清华、天大、哈工大、浙大、华中工学院、上海机械学院）。更有幸的是，后来我又近距离较长时间地接触了刘先生这位我国教育界、科技界的资深前辈。今年是刘先生诞辰 100 周年，近 60 年前的一些往事，如今还是历历在目，很值得我们留恋回忆。

1963 年开始，其后的一些年，我国的政治运动持续地掀起高潮。1964 年，按照毛主席的讲话精神，12 月下旬，天津大学几千名师生分赴河北的衡水与石家庄两地参加农村“四清运动”，当时刘先生也积极响应号召主动报名参加。到达衡水后，我有幸与刘先生被安排在位于衡水谈庄公社的同一个“四清”工作队。按上级要求，工作队员与当地贫下中农要四同（同吃、同住、同劳动、同学习），在那半年多时间里，刘先生也放下身段吃住在社员家里。

在“四清运动”时，刘豹先生毫无怨言，一点也没有老教授、长辈的架子，为人随和，讲话和蔼，心情乐观，偶尔还与我们开开玩笑，有时候还悄悄哼哼英文歌曲。在“文革”时期，刘豹先生并没有对那些不公正的批判表现得唯唯诺诺、绝对服从。记得在一次批判他的会议上，有人挖苦讽刺他说：“你是那么有名的权威，会使用计算尺吗？”（计算尺是20世纪70年代之前在工程设计上广泛使用的一种计算工具，工科大学生都必备，之后被电子计算器所取代。）刘先生不卑不亢地回答说：“计算尺我虽然用得不多，但是只要我熟悉一下马上就能熟练地使用，然而我现在所研究和掌握的专业理论和先进技术，却不是你们轻易能拥有的。”刘豹先生胸怀对祖国始终不渝的热爱，在逆境中坚守走出激流险滩的坚定信念。

1968年底我们毕业分配，离校前因不方便，我没能去向他告别。一直到大约1994年，我因公出差路过天津，到母校打听到了刘先生家的新地址，晚上就冒昧地去刘先生家中看望他。他很忙，当天下午刚为出国讲学到北京外国使馆办完签证才回家。所以对多年不见后我的突然到访感到好奇，问我怎么知道他当天在家，我笑笑，回答说是我运气好啊。坐定后他问我毕业后的工作情况，因为怕耽误他的宝贵时间我待了十分钟后就要告辞，可是他热情地留我交谈了半个多小时，比较详细地询问我所工作企业的工业自动化仪表的水平及发展情况。我告诉刘先生，我现在的工作单位是江西铜业集团贵溪冶炼厂，这是我国乃至亚洲最大的一个矿产铜生产企业，因为其生产技术和设备都是从发达国家成套引进的，起步水平比较高，配备了当时最先进的单元组合仪表，后来我们自己又及时地选用更新更先进的自动控制技术及装备进行了技术改造。在1992年就采用了当时世界上最先进的计算机集散控制系统（DCS），对生产过程进行自动控制，这在国内有色冶炼企业中是第一家。此后在我的主持下，还使用了多套国产的DCS系统，提高了国产仪器仪表的利用率，使江西铜业的自动控制水平在国内同行业中保持排头兵的位置。刘先生对我汇报的学习和工作情况非常满意，离开前他嘱咐我要继续努力工作，争创更优异的科技成果，这才对得起母校对自己的教育培养。

2008年是我们毕业40周年，我们天津大学1968届热仪专业的同学在母校聚会，我与常恒毅一起专门去刘先生家里看望他，他和夫人很高兴地欢迎我们。从他家中的摆设能看出，已八十多岁高龄的老人还没有停止工作，他仍关注着他终生热爱的自动化、系统工程等领域的科技进步，关心着他的学生们所取得的每一项科研成果，刘豹先生热情地与我们两人一起拍照留念。两天后，我俩又专门去刘先生家接他到学校第九教学楼前，与参加那次聚会的众多同学及学校的有关领导一起留下了一张珍贵的合影。

五、勇于探索 遗爱众生——记刘豹先生二三事

常恒毅

1963年秋天，我考入天津大学精密仪器系，进校后分配到热工仪表及自动装置乙班，感到非常高兴。在那个年代，由于卫星上天和载人宇宙飞船的成功，自动控制技术大显神威，我们的专业与此相关，自己觉得十分幸运。入学教育时老师告诉我们："中国现代工业发展迅猛，石油、化工、冶金、发电都需要大量检测仪表和自动控制的人才。你们专业教研室的主任刘豹先生就是从美国留学归来，专攻自动控制理论的专家。你们要刻苦学习，珍惜机遇，掌握最先进的技术，为祖国建设做贡献。"从此刘豹这个名字就深深地镌刻在我的脑海之中。

在天大精仪系读了三年书，从早到晚忙于基础课、技术基础课、专业基础课的学习，和专业教研室的老师还未曾谋面，刘豹先生是什么模样也不知道。1966年6月1日，"文化大革命"爆发，随之停课闹革命，批判"走资本主义道路的当权派"、批判"资产阶级反动学术权威"的大字报铺天

盖地。在第五教学楼内，我读到了有关刘豹的十余张大字报，没想到对于我所崇拜导师的认识，竟是在如此混乱激烈的场面上开始，不禁令人唏嘘。

大字报上所揭发的内容大致如下：

刘豹祖籍江苏常州，1923 年出生于上海，父亲是著名画家刘海粟。刘豹从美国留学回国后不安心在天大任教，追求名利，忙于著书立说；每天要喝咖啡，每次出差回津，夫人总是手捧鲜花到东站迎接；出版书籍发表论文争要稿费，外附“金钱豹”漫画一幅。还有些什么？啊，他还是走资派李曙森（原天大党委书记）重点培养的“十八罗汉”中最年轻的一位。

今天看来，这样的“揭发”都是天大的笑话，即便在革命情绪高昂的当年，这些材料也激不起民愤，相反的效果是，他成了我们学生心中羡慕的对象、追求的榜样，只是不能公开表达而已。虽受凌辱和批判，刘豹先生也并未因此而沮丧、而伤感，正如他题词所言“宠辱不惊，看庭前花开花落”，乐观豁达的心态陪伴他度过了那一段艰难的日子。

1967 年冬，上面传来了要“复课闹革命”的指示，逍遥多时的学生们开始到出版科抢教材，尽管运动初期他们烧了封、资、修的课本和记分簿，但是不学点儿真本事如何在社会上立足？“自动调节原理”是我们的必修课，主讲是热仪教研室年轻的汪德馨老师，但同学们都想取得真经，迫切希望作者刘豹先生亲自授课，于是推举我向系里反映“民意”。我径直找到热仪教研室，向刘先生表达了我们的愿望。刘先生说：“汪德馨老师年富力强，从事调节原理教学多年，是我的得力助手，完全可以胜任讲课的重任。”他大概自己也觉得理由不够充分，想了一会儿又说：“我现在正从事气动调节器的研究，完成课题任务的时间要求很紧。”他还耐心地带我到五楼后面的平房实验室参观，用有机玻璃制作的逻辑元件摆了一桌子，时任教研室党支部书记的李光泉（后任天津大学校长）也正忙着干活，一言不发。我心里明白，现在让老教授上讲台还没有人敢发话，但刘先生谦和大度、提携后生的良苦用心，以及他坦诚的待人态度，令我折服。

为了学习好本专业最重要的理论知识，我下狠心花了3.55元，买了一本《自动调节理论基础》，这是刘先生于1963年底出版的一部最重要的著作，奠定了他在中国自动化领域的学术地位。这本浅绿色封面的厚厚的著作，一直伴随在我身边，迄今已55年矣。

1968年12月，我们1968届的学生被分配，走出象牙塔，面向工厂、面向农村、面向基层、面向边疆，去当普通的工人和农民。直到1978年底，我们才有机会重拾书本，钻研技术，为国效力。

1984年底，正是微型计算机在我国推广应用的高潮，我以湖北省微机应用办公室工作人员的身份，前往香港采购一批台式机和单板机，在深圳的湖北饭店，我遇到前来洽谈的港商，一位与我年龄相仿的中年人。几番交谈，他知道我毕业于天津大学之后问道："你认识刘豹吗"我说他是我的专业导师、一位非常优秀的教授。这位港商说："他是我的二哥，我叫刘麟，毕业于北大物理系，1970年分配到东北某地初中教物理。"这晚我们两人谈得很多，谈到他的家族、他个人的经历、他如何在北京工业大学开发了TP-801单板机，但谈得最多的还是我的老师刘豹。

刘豹自幼聪颖好学，学业一帆风顺，留学美国科罗拉多大学攻读硕士学位，有机会学习到当时最新的"自动控制原理"等创新课程，并从此走上自动控制和系统工程等领域的探索之路。1950年回国在部队院校工作，1954年，他应邀到天津大学任教。1956年在全国首创化工仪表与自动化专业，1963年出版了他最有影响的专著《自动调节理论基础》，此时他才40岁，正是大展宏图的黄金时刻。但是政治运动占据了他宝贵的科研和教学时间，身心俱疲的他曾悲叹："我的外国同行们正在攻克登月工程，我却在这里扫地，我们的国家如何能够立足于世界民族之林？"患难之中，刘先生有自己的哀怨和苦恼，但他想得更多的是祖国的前途、学生的培养、民族自立于世界的能力。

黑夜终于过去，“文化大革命”宣告结束。1978 年，国家重回正确发展的轨道，改革开放的国策引导中国向前，刘豹此时已年满 55 岁了。他以敏锐的目光、切身的经历，毅然选择从系统的角度，去研究复杂的社会经济问题，这是一个远比工业项目复杂得多的大系统，并创办天津大学系统工程研究所。刘麟说：“我当年曾和二哥交流过：‘作为一个科学家，你最佳创业创新的年岁已过，不如现在到美国去讲学写作，颐养天年。’刘豹却说：‘我的一切都属于我的祖国，现在正是国家用人之际，我还可以做很多事情。’”刘麟最后笑着和我交心道：“如今我们兄弟几个都出国了，只有他一人留在国内。现在看来，他的抉择是对的，他为国家做的贡献很大，他是一个具有强烈爱国情怀的人。”

时光又过去了 24 年，2008 年金秋 10 月，为了纪念我们“天大毕业 40 年”，热仪专业 1968 届三个班的同学相约重返天大校园，“湖光楼阁景依旧，共话蹉跎人白头”。学生们都退休了，那些当年教我们的“先生们”想必是更老些了吧。当晚我和丙班的贺有恒一起去新园村拜访刘豹老先生。

刘先生和夫人欢迎我们的到来，刘老先生已年逾 85 岁，身材仍显高大，脸色红润，两眼炯炯有神。他仍然关注着工业自动化领域的技术进步，让我们讲讲现在重大项目的技术水平，以及学生们在其中所做的贡献。贺有恒讲完他在江西铜业的业绩之后，我向老师汇报了我的情况：毕业后一直在机械行业从事自动化的工作，参与了数控机床、可编程控制器、自动检测系统、工业机器人的研究，虽说离散控制系统和流程控制系统有些不同，但是它们的理论基础还是在天大学习的自动调节原理。刘先生听到我主持研制的两种核电站检测机器人还获得了国家科技进步奖，他很高兴地说：“踏实苦干、精益求精，是科技工作者的作风，唯有如此才能做出成绩。”

我和先生合影留念，背后的那幅油画是他的业余创作，上面的落款是

“刘海粟二少”。看来刘先生不仅科研做得好，绘画也有其父刘海粟大师的遗传。我们向先生告别之时，恳请他为我们这批老学生写几句话，先生欣然允诺。“我最爱我的学生，大学生、研究生、硕士生、博士生、博士后都对我有很大帮助，我的成功，全靠他们。”这段话写在一张小纸上，它寄托了刘豹先生对后生的期待和深情。

六、治学严谨、思路创新——忆导师刘豹先生

齐二石 写于 2023 年 5 月

博士研究生期间刘豹先生的指导

我于 1988 年秋被刘豹先生录取为博士研究生。由于我之前学习的是机械工程和管理工程，并没有自动化和系统工程的基础，所以心里有些忐忑。可是每次见到刘先生，他都给予我很大的鼓励。刘先生非常善于激励学生去攀登，他说：“要站得高，望得远；短板可以补，高峰可以攀。”

论文选题时，刘先生特意和我谈：“你在工厂工作过，有生产实践的经验，建议你选生产系统建模这个题目，现在有人研究此题，建模方法是当今最新的 DEDS（Discrete Event Dynamic System）系统模型，即离散事件动态系统模型。”我听完后，心里紧张，如刘先生所说，DEDS 是控制理论最新前沿。可是我没学过经典控制论、现代控制论和随机控制论，这样的情况下，直接研究 DEDS 是否可行？刘先生说：“你有优势，也有不足，可以努力嘛。建议你看几个杂志，主要看看人家研究怎么做的。”

现在回头看，刘先生指导学生确实很细致，既帮我指出了研究方向，又点出了具体的研究内容。能不能学懂，能不能创新，那是学生自己的事了。我顿悟了，导师给了学生方向，前进和奋斗要靠自己完成。

之后，我看了几本控制论的书籍，这几本书基本都是刘先生编著的，

先生是国内该领域的开山鼻祖。我沿着刘先生指导的方向，经常泡在校图书馆查资料。记得那时已是盛夏，天气燥热，我在图书馆连续待了四个月，对 DEDS 系统模型终于了解了很多，特别是南开大学涂奉生教授和中国科学院郑应平教授等撰写的生产线系统建模文章，带给我很大启发。但是我发现他们建的模型，在假设范围中忽略了缓冲器，也就是库存，这并不符合生产系统实际。那么，加上缓冲器应该如何建模呢？另外，资料中所有的建模都是串联推动式生产系统建模，而当时丰田生产方式产生后，随即产生了拉动式生产系统。那也就存在推拉两种生产系统建模问题。于是我立即向刘先生汇报这些思考，先生首先肯定了我的既有工作，同时也提出我的研究方向是对的，要进一步深入钻研，可以突破创新。

按照先生指导的理念，我在缓冲器建模使用了等价变换法建模，在 N 阶串行生产系统建立推动和拉动极大代数状态空间模型，对于两类状态空间模型还做了系统扰动分析等研究工作。在案例仿真研究中，还得到张维师兄及同学同事的建议。其中，由于生产系统状态太多，如果想要把所有状态都考虑进去，需要建 100 多个极大代数模型，这样没办法实现优化。我用正态分布的思路，优化为 16 个状态空间模型，继而基本解决了问题。我这些研究工作都得到了先生充分的肯定和指导。可以这样说，先生为我后来的教师生涯和指导研究生工作，发挥了指路明灯的作用。

学科建设贡献很大

刘先生为学科的建设和发展，发挥了奠基性和指导性作用。

1989 年夏秋季节，刘先生派我去中国科学院系统工程研究所开会，我有幸受到了系统所所长许国志教授的接待，还在会上聆听了诸多前辈、学者的报告，启发很大，特别是对我的论文研究有指导引领性作用。会后我还把许国志先生的问候带给了刘先生。

我参加了中国机械工程学会首届工业工程研讨会，大会决定成立工业工程研究会。总会希望把研究会挂靠在天津大学，并计划聘刘先生担任理事长。我向刘先生汇报后，先生说，研究会挂靠在天津大学是好事，支持办研究会对将来的学科建设有好处。先生说，年纪大了不宜当理事长，推荐顾培亮教授代表天大做副理事长。

在学会建设工作基础上，1992 年，天津大学和西安交通大学联合向教育部申办工业工程专业，我起草了申请和可行性研究报告。当年教育部批准天津大学、西安交通大学、重庆大学为首批建设工业工程专业院校，由此，天津大学该专业始终全国领先。至今工业工程专业已遍布全国 256 所大学，成为名副其实的具有国际影响力的专业。最近几年，工业工程的就业排名始终名列全国前十，还有几次排名第二。在学校、学院和刘先生的支持下，我担任教育部管理科学与工程和工业工程教学指导委员会主任 18 年，这也足以说明我校该学科在全国的领先水平。刘先生平日里，还经常为我介绍美国等国际高校工业工程设置情况。其实这一切成绩的取得，都是刘先生等前辈支持、传授的结果。

为了更好建设天津大学工业工程学科，在刘先生支持和指导下，1992 年，学校创办了《系统工程学报》工业工程专刊。可以说，刘先生为工业工程专业在全国和我校的设立做出了重要的支持和指导作用。

学院建设指导作用

我自 1999 年担任第四任管理学院院长，在此之前，我只做了两年副院长，缺乏管理经验，为此我特意请教了刘豹先生、印邦炎先生、顾培亮先生、张世英先生等。集成前辈和学院老师的意见，我向年事已高的刘先生汇报学院情况，那时先生听力下降，即使戴助听器也无法听得很清楚。

我提到，学院师资力量中，理工科背景占绝大多数，但在经济学、政治学等文科领域力量相对薄弱，这些又是工商管理和公共管理的发展基础。我们应以制造业和工程建设等实体产业的管理学研究和人才培养为主，积极向工商管理、公共管理领域延拓；方法上以系统工程、运筹学等为基础，突出管理科学、管理信息系统、工业工程和工程管理等专业的创新和突破，以此为学院建设指导思想。刘先生听后完全赞同。我请先生指示，刘先生说了令我印象极为深刻的六个字：抓住学科建设。

据此，我院在学科上发展势头良好，管理科学与工程学科始终走在全国前列，持续发挥国内引领作用，工商管理、公共管理等都在国内排位较高。可以说，刘先生等老前辈为我们学院奠定了雄厚的学科和管理基础，指导下一代不断前进。

如今，我也年事已高，始终谨记先生教导，永远缅怀先生。

七、恩师刘豹点滴追忆

张维　写于 2013 年

编者按：今年 7 月底，得知刘豹先生病逝的消息后，现任管理与经济学部主任、刘豹先生的弟子张维在他的“微博”上，发表系列“博文”，回顾了对先生工作生活的点滴记忆以及与先生的深情厚谊，以缅怀恩师，寄托哀思。

科研中严谨求实

刘豹先生早年从事气动调节、自动化仪表、自动控制研究，后做参数估计、系统辨识科研，再后来带领大家从事能源、教育和社会经济系统工程工作，晚年主要从事预测、多 Agent 系统研究。似乎他研究的领域跨度很大，记得有一次他对我说，他研究的核心的东西都是对系统的建模和优化，只是应用的对象从工程领域转移到了社会经济领域。

先生固然本行专业精深，亦深谙科学发展的交叉学科特性，但他在不同的工作中定位非常清晰，从来不在同行评议的时候超越自己的专业领域。我好几次看到先生将别人寄来要求评审的博士论文予以退回，因为那非他专长领域。

学者保持学术青春的办法是对学术前沿的敏感和追求的行动。10 年前，先生竟在 80 岁高龄时以对多 Agent 系统的研究而为其学术生涯谱下了华丽的终曲。要知道，多 Agent 系统方法是研究社会经济问题的最前沿方法之一。

教学中倾心树人

读研期间，我等同学曾跟随先生参加过几次像 IFAC、中国系统工程学会年会等重要国际国内学术会议。看着一些兄弟学校老师带着学生去拜见一些知名学者，我等亦想请先生把我们引荐给他们。先生却说，你们应自己主动去谈，若你想法有趣，人家自然会有共鸣；若你本身就无见地，引荐又有何用?

我们在系统所读研期间，先生对于研究生项目和教育倾注了大量心血，不仅精心组织了所里的师资，更请来了日本神户大学的平井一正、德国波鸿鲁尔大学的翁贝豪恩等海外教授给我们上大系统等几门课程，在 20 世纪 80 年代初，这样的做法实属难得。

先生一生做学问严谨，指导学生论文时，不仅仔细讨论学术思想、反复推敲方法的严谨性，即使对论文修辞、标点和格式也都细致要求。记得我在 IFAC 文集上发表第一篇英文论文时，那时还没有 Word 之类，需在国际出版商寄来的专用格式纸上手动打字。那是头一次呀，我一头雾水，多亏先生悉心指点。

生活中和蔼亲和

先生做学问严谨，在生活中却是个和蔼长者。我们有时会去他家里汇报论文。每每此时，先生会为我们找点儿吃的。记得他用电烤箱烤了香喷喷的红薯，在20世纪80年代初期那个物质尚未丰富的时候，可是美食呀。我第一次喝到煮出来的过滤咖啡也是在先生家，先生还告诉我们搅拌糖的糖匙不可当汤匙往嘴里放。

先生家曾有个精致的旧画框，我问过师母，她说是早年“淘”得的一幅俄罗斯油画。后来，画作被其父刘海粟老人索走并答应补画一幅，后因故未果。一日先生兴起，从未学过亦未画过的他要画幅油画放在框中，迎接女儿一家回国探亲。我帮忙绷画布、涂底油、买颜料画笔，几日后一组静物跃然呈现，落款“刘海粟二少”。

先生与我的师生缘

我是1982年从天大自动化专业毕业，考入先生门下学习系统工程的。当时我们12人成为先生的学生。在第14教学楼的一个房间内，我们围坐一圈，先生拿着一个小本子，看一个人对一个名字，最后到我这里时说：“不用问了，你就是张维吧。”我至今记忆犹新。

学术论文写作乃研究生之必修课。我第一次论文写完后交给先生修改，他给我的评语是“光骨头没肉”。先生说，缺少前面必要的铺垫和后面分析讨论，读者很难理解到你的创新。之后，我接受教训又提交了一篇，先生笑道：“这个太花哨了。”我疑惑道：“不是要有骨头有肉吗？”先生说：“是啊，但要的是肌肉而非赘肉。”

我带的首个博士生是向先生“借来”的，这位同学是在国内最早一批开展利率风险管理定量模型研究的。有缘分的是，先生指导的最后一位博士生竟是“借”我的一个。那时先生刚停招，却申请到一项基金。不仅该同学完成了先生的任务，我们课题组也由此启发，开始了计算实验金融领域的研究。

八、恩师刘豹先生周年祭

马寿峰 写于2014年7月31日

一年前的今天，我的导师刘豹先生静静地、悄然地、安详地离开了我们；一年前的今天，我站在先生的身边，凝视着先生慈祥的面容，与先生道别，从此师徒阴阳两世了；一年前的今天，我突然感到了一种无奈，那种大树轰然倒下的无奈，感到了一种孤独，那种失家丧父的孤独，感到了一种空虚，那种大师离去后的空虚。

先生是科学大师。

您有大师般的开拓精神。您是中国自动控制学科的奠基人，《自动控制原理》《现代控制理论》等几部经典著作，培养出中国几代人才，为此界学人所仰视。有时人家问起我本科的专业是学什么的，我总是有意识地把本科专业说成自动化或自动控制，其实就是想多借助先生的“虎威”。

您有大师般的洞察力。从针对硬系统的控制理论到针对软系统的系统工程，是先生学术思想的一个新阶段，是大师高屋建瓴、敏锐地把握科学发展方向和脉络的体现，是理论和现实的充分结合。回顾先生在20世纪80年代初做的能源等领域的研究，在当时条件下完成的这些成果的理论性和实用性，是我们30年后都难以望其项背的。当我们天天喊着要“顶天立地”时，殊不知我们的父辈早已驾轻就熟了。

您有大师般的学术风骨。您不图虚名，只求学术的自由和纯洁，20多年前您就呼吁要“保持系统工程的纯洁性”，提醒着学术界。

先生是教育大师。

先生有识人之能。您能够不拘一格地发现、选拔、接纳人才加入您的工作团队中，曾经破格地接受没有上过大学、无意把考卷带走的考生做先生的研究生，曾经广纳国内各路英才创办了系统工程研究所，曾经在不经意中全面把握了学生的个性和特征，为他们指引了学术和职业发展的方向和道路。

先生有育人之德。您很少说教，但是弟子们从您的言行中，体会出了什么是正道、什么是大道，您是“薄雕虫”的力行者。您因材施教，每个弟子都能在您的羽翼下，发现自己的一片空间。您倡导开拓和创新，虽然您众多的学生、弟子的发展路径各有千秋，有学界魁首、商界精英、政界要员，但每每谈及成长，他们都无不感叹受益于您的鼓励和支持。

先生有容人之量。您毕生致力于学术，从不保守，鼓励学生多元化发展。先生一生招收硕士研究生 88 人、博士研究生 34 人，为数并不多，但成才率高，学生弟子中有中外的院士、大学的校长、管理学院的院长、企业界的精英，有的在商海长期鏖战，有的是金融市场的善舞者，更有众多的学者和教师，在各自的行业中继承发展着先生的遗风。先生是一个学院、研究所、研究团队的带头人和领航人，总能为成员找到他适合的位置，对于工作中的矛盾甚至冲突，只要不影响工作的开展，先生总是善意地协调、引导和化解，涉及发展的大事，先生定会旗帜鲜明，一针见血。对于学生成长中的错误，先生从来没有过那种严厉的批评，但是从先生举重若轻的言语中，从先生直视的眼神中，学生马上就感到了自己的无知和惭愧。

先生是艺术大师。

先生身上流着艺术的血液。看看厅堂上那幅署名“刘海粟二少”的无心插柳之作，就能体会到基因力量的强大，哪怕只是保留着艺术沧海中的一粟，依然功力非凡。我常想如果七十多年前先生不是只身去重庆和美国求学，学习机械工程，或许这世界上真会多出一个艺术大家，当然也就少了一个科学大家。我们体会到的先生的艺术，更多是先生的工作艺术和领导艺术，那种对大局和方向的把握、对一个大学术团队的协调、对学生点睛式的指导。

先生是大师，更是慈父。

按照时间的先后，先生的学生可以分为三个阶段。第一阶段，80 年代以前的学生和弟子，他们其实是我们这些后来者的父辈、老师，他们有着丰富的阅历，得到先生手把手的传授，可以算作入室弟子；第二阶段，80年代以后一直到90年代初的弟子，他们学习的这段时间，正值改革开放，是先生的第二个学术高峰期，他们从先生那儿得到的教育和传授，在高度、深度、广度上都是最为丰富的，这一段是先生一生最繁忙的十几年；第三阶段，就是我们这些 90 年代中后期的学生，也就是先生 70 岁以后的学生们，先生此时已经卸去各种社会、行政的职务，思维依然活跃，精力依然旺盛，这样就和我们有了更多的相处时间。先生带我们这些学生，不仅是师父带徒弟，更像爷爷带孙子，此时的先生少了几分严肃，也不再不苟言笑，更多的是慈祥地微笑。在每周二的例会上，先生也和我们说起了笑话，开起了玩笑，和我们一起回忆起他儿时的趣事。这些“90 后”的学生们，应该是先生学生中最幸福的一批，就像一个大家庭中的幼子总能得到父辈更多的爱。

几天前，与长我一届的关伟师兄促膝交谈，聊起了先生，聊起了求学之路，我们是同辈、同龄、同方向，感慨也颇同。我们感慨我们的幸运，能够追随先生左右，聆听先生的教诲，感受先生的慈爱；我们感慨先生的厚爱，让我们有幸在先生缔造的平台上学习和发展；我们感慨师门的凝聚，一批同门的前辈在先生身后依然扶持着我们，让我们体验到长兄如父的关怀。

百善孝为先，学术之孝，在于传承。将先生高尚的品德、严谨的学风、科学的思维、高效的方法通过我们继承下来，传承下去，使先生的精神和事业发扬光大，这是对先生最好的缅怀和纪念。

九、沉痛悼念《系统工程学报》名誉主编刘豹教授

系统工程学报 写于 2013 年 8 月

全国政协原常委、天津市政协常委，天津大学原管理学院院长刘豹，因病医治无效，于 2013 年 7 月 31 日 11 点 13 分在天津逝世，享年 90 岁。

刘豹(1923.6.12—2013.7.31),江苏常州人,自动控制和系统工程专家、教育家，我国该领域的奠基人和开拓者之一。1946 年毕业于重庆大学机械工程系，1949 年获美国科罗拉多大学硕士学位。1950 年 2 月回国到大连海军学校任教，1954 年转入天津大学任教，历任化工仪表教研室主任、热工仪表教研室主任、电力及自动化工程系主任、系统工程研究所所长、管理学院院长、名誉院长等职；中国人民政治协商会议第七届委员、第八届常委；中国人民政治协商会议天津市委员会第六届委员，第七、第八届常委。

刘豹先生早年致力于自动化仪表和自动控制的教学与科研，创办了中国第一个“化工仪表与自动化”专业，是中国仪表自动化教育的开创者。1954 年，他出版了中国第一部自动控制方面的专著《自动控制原理》，1963 年出版了《自动调节理论基础》。60 年代初从事气动自动学及气动自动装置的研究，为中国仪表界气动自动学奠定了理论和方法基础。改革开放以后，刘豹先生积极开展和推动系统工程的研究、教育和实践，提出利用系统工程方法解决重大社会经济问题的学术思想，建立了综合多种理论和方法的一整套社会经济系统建模理论。他与科技界同人共同发起成立了中国系统工程学会，创办了天津大学系统工程研究所（国内首批系统工程

专业研究机构之一）。他在能源系统工程方面的研究成果为国家制定政策提供了科学依据，为能源系统管理提供了先进的分析方法。几十年来，刘豹先生始终坚持理论与实践相结合、教育与科研相结合，研究成果获国家级科技进步二等奖两项、三等奖一项及省部级科技进步奖十项，为我国自动控制及系统工程学科的发展做出了不可磨灭的贡献，并培养了一大批杰出人才。

刘豹先生曾任国际自动控制联合会（IFAC）系统工程委员会副主席，中国系统工程学会副理事长，中国自动化学会常务理事、名誉理事，中国仪器仪表学会常务理事，中国能源研究会常务理事，天津市科协副主席，天津市自动化学会理事长，天津市系统工程学会理事长。曾任《系统工程学报》主编，《系统工程与系统科学（英文版）》主编，《自动化与仪表》编委会主任，《中国仪器仪表学报》副主编，《信息与控制》副主编，英国《预测》杂志编委，国务院学位委员会第二届学科评议组成员、管理学科评审第一召集人等学术职务。刘豹先生曾获得天津市劳动模范、天津市优秀教育工作者、全国及天津市优秀归侨、侨眷、国家教委高教科技工作四十年荣誉奖、天津大学金钥匙等荣誉称号。

刘豹先生自 1985 年创办《系统工程学报》以来一直担任主编、编辑出版委员会主任等职，2007 年起，八十多岁时担任我刊名誉主编至今。刘先生德高望重、淡泊名利，在学术上严谨认真、精益求精，对《系统工程学报》发展做出了重要贡献。多年来，编辑部同人在刘先生的领导和熏陶下，以高度责任心和使命感，努力做好编辑部各项工作，取得了成绩和进步。我们将更加努力工作，使学报工作迈上新台阶，以慰藉刘先生的在天之灵。

贡献篇

一、刘豹为发展新学科做出贡献

佚名　写于1982年

刘豹教授身兼中国系统工程学会副理事长、国际自动控制联合会（IFAC）国际程序委员等十余个职务，工作十分繁忙。在此情况下他还积极探索系统工程在我国条件下的发展方向，仅1981年就发表论文13篇，编写了《自动化仪表专业手册》自动控制理论篇、研究生选修课教材《现代控制理论》，并编辑了《能源系统工程论文集》等。

系统工程是一门新兴学科，为国家所急需。刘豹教授在全国科学大会上倡议开展这门新学科的研究，并在我校创立了系统工程研究所。这个所在刘豹教授指导下，在系统工程理论和应用的科研工作方面取得了可喜成果，去年完成国家能源模型、天津能源模型和教育系统工程课题的阶段研究工作，并进行了系统辨识等理论研究，1981年共写出学术论文36篇，已分别在国际和国内的有关学术会议上报告。他还指导12名研究生完成了硕士论文。他关心中青年教师的学习提高，善于发挥大家的积极性。此外，他还为扩大对外交流，提高我国学术界在国际上的地位做了大量工作。

二、刘豹教授与学生家长座谈

张力 写于1984年

著名自动控制和系统工程专家、我校管理学院院长兼系统工程研究所所长刘豹教授，非常关心本科生的教育和学习情况，于12月9日星期六晚上，在系统所亲自主持召开学生家长会，与23位1984级本科生家长，就教学工作交换了意见。

会上，向家长汇报了学生入学三个多月的教学和学习情况，提出今后的教学打算，并征求家长对教学安排和如何办好专业的意见。当有的家长提出，希望学校增加实践环节意见时，刘先生说："今年寒假就可以让学生搞'食品工业规划'方面的科学课题。"他还希望家长们今后和学校经常保持联系。

三、刘豹教授赴冀做报告

佚名 写于1985年

应河北省政府等有关部门的邀请，我校管理学院副院长、系统工程研究所所长刘豹教授于本月上旬赴河北省石家庄做了《关于经济发展与系统工程的报告》，受到了河北省、石家庄地区处级以上干部一千余人的欢迎，副省长郭志主持报告会并接见了刘豹教授。

四、刘豹、贺国光参加国际自动控制会议

系统工程研究所 写于1985年

系统工程研究所刘豹教授、贺国光讲师于8月20日在北京科学会堂参加了由国际自动控制联合会和国际运筹学学会联合会联合组织召开的发

展中国家国际自动控制科学技术会议。

参加会议的代表，除我国外，还有美、英、法等29个国家，代表中有近80余名国际上知名的自动化学者和教授，会上宣读了一百余篇论文。

刘豹教授主持了辨识专题组的会议并宣读了由他和杜亚峰、王正欧同志编写的《在大观测噪声下用小样本对动态系统进行参数估计》的论文。贺国光讲师在计算机辅助设计专题组宣读了由他和陆百川同志编写的《仿生进化法及其在控制系统辅助设计中的应用》的论文。

这两篇论文宣读后引起与会有关人士的兴趣，并得到了好评。

五、刘豹教授出席国际自动控制联合会第七届系统辨识学术讨论

佚名 写于1985年

我校系统工程研究所所长刘豹教授最近出席了在英国约克由国际自动控制联合会主办的第七届系统辨识学术会议，并在大会宣读了论文《小样本下时变系统的参数估计》。

同时，刘豹教授作为第八届系统辨识会议的国际程序委员会主席，在会议期间召开了有24位国际著名系统辨识学者参加的程序委员会会议，讨论了1988年将在中国召开的第八届会议的一些重要事项。

六、天津市高等院校软科学学科组成立——刘豹教授任学科组主任

佚名 写于1987年

天津市高等院校软科学学科组委员会于3月30日成立。委员会由来

自高校的26名委员组成，我校刘豹教授任主任。

与会者就软科学研究问题进行了坦率热烈的讨论，特别强调了高等院校在软科学研究方面要发挥自己的优势，首先为本市的国民经济建设、城市建设等技术经济发展决策多做工作，并为发展软科学研究及培训人才做出贡献。

七、天津市科协第三次代表大会结束，我校二人当选为委员，史绍熙为名誉主席，刘豹、石则昌为副主席

佚名 写于1987年

天津市科技协会第三次代表大会17日结束。我校12人当选为委员，史绍熙教授为名誉主席，刘豹、石则昌为副主席。

我校当选为市科协三大委员的是：校长吴咏诗、副校长石则昌，教授刘豹、张鋆、严宗达、孙家鼐、齐植兰，副教授李柏林、王传勉、刘国心，副研究员饶寿仁、彭泽民、扬天祥。吴咏诗、石则昌曾在16日分别担任大会执行主席。

八、科研硕果累，桃李满天下——莘莘学子喜庆刘豹教授执教40年

韩文秀 写于1988年

8月5日下午，来自北京、西安、沈阳和天津等地的60多名刘豹教授的学生，欢聚在老干部活动中心，满怀崇敬的心情，庆祝刘豹教授执教40年。

刘豹教授早年留学美国，1950年放弃攻读博士学位，毅然回到祖国，

自1954年起即在天津大学任教。1956年在全国第一批创办了化工仪表和自动化专业。1978年起率先在全国开拓了软科学研究，是全国系统工程专业中首批博士导师。几十年来，刘豹教授为本科生、研究生讲授过十几门课程，并在科学研究中做出重大贡献，他的学生很多已成为各单位的技术骨干和领导。

庆祝会上，刘豹教授语重心长地要求他的学生，要热爱祖国，努力学习和工作，不断开拓新学科、新领域，为祖国建设做出新贡献。莘莘学子表示一定要铭记导师的教诲，并祝老师健康长寿。1963级毕业生张文麟作词《调寄满庭芳》，以表崇敬之心。

九、刘豹、刘与贤向图书馆捐书

韩文秀 写于1998年

日前，我校管理系教授、著名学者刘豹先生向校图书馆捐赠中外文书籍427册。刘先生说："书是给大家看的，不能个人当宝贝藏在那里，放在图书馆能发挥更大的作用。年纪大了，什么也不求，只求国家兴旺发达。"

在刘豹先生捐赠的这批书籍中，既有刘先生自己的著述、校友的著作，也有刘先生多年精心的收藏。这些书既是刘先生教学科研的成果、智慧和经验的结晶，也反映了他辛勤耕耘、执着追求的奋斗足迹，是刘先生贡献给学校的一大笔精神财富。

十、刘豹九秩寿诞庆典举办

朱宝琳 写于2013年

今年，中国自动控制、系统工程及管理学科的奠基人、开拓者之一，我校教授刘豹迎来九秩寿诞。6 月 17 日，我校在天宇大酒店为刘豹先生举行了寿诞庆典。校长李家俊，副校长钟登华，老校长吴咏诗，原我校副校长、刘豹先生博士生寇纪淞等出席了庆典。宣传部、离退休工作处、管理与经济学部及与刘豹先生曾经的同事和部分学生近百人参加了祝寿会。

李家俊向刘豹先生 90 寿辰致以祝贺。他说，刘豹先生是广大师生敬仰的杰出教授之一，为我国和我校自动化、系统工程、管理学科的发展做出了重要贡献，希望学校的发展能够继续得到刘豹等老一辈先生们的指导与帮助。作为刘豹先生工作过的地方，精仪、自动化学院相关领导向他献花祝寿，他的第一个博士生寇纪淞也为他敬献寿礼，感谢恩师传承后人为人、为师精神。刘豹先生大女儿刘珏代表家人感谢大家多年来对父亲的尊敬、关爱和帮助。

十一、自动控制和系统工程奠基人刘豹教授生平

天津大学报 写于 2013 年

编者按：作为我校知名教授，刘豹先生是我国自动控制、系统工程及管理学科的开拓者和奠基人。其父刘海粟是我国当代艺术大师。刘豹先生家学深厚，毕生献身教育和科学事业。学校曾为老先生举行了九秩寿诞庆典，校长李家俊在庆典上说：“刘豹先生一直是学生们非常崇拜、敬仰的杰出教授之一，学校倍加珍惜老先生们打下的江山。”7 月 31 日，刘豹先生在津去世，享年 90 岁。11 月上旬，刘豹先生逝世百日，本报特推出纪念专版，追忆这位杰出专家、教育家，并希望年轻师生学习前辈的品质和精神，携手努力，为创建世界一流大学而共同奋斗。

刘豹(1923.6.12—2013.7.31)，江苏常州人，自动控制和系统工程专家、

教育家，我国该领域的奠基人和开拓者之一。其父刘海粟是我国当代艺术大师、近代美术教育事业的奠基人、新美术运动的拓荒者、杰出的美术教育家。刘豹 1946 年毕业于重庆大学机械工程系，1949 年获美国科罗拉多大学硕士学位；1950 年 2 月回国到中国人民解放军海军学校任教，1954 年转入天津大学任教。他历任我校化工仪表教研室主任、热工仪表教研室主任、电力及自动化工程系主任、系统工程研究所所长，管理学院院长、名誉院长等职。他曾任中国人民政治协商会议第七届委员、第八届常委，中国人民政治协商会议天津市委员会第六届委员，第七、八届常委。

刘豹早年致力于自动化仪表和自动控制的教学与科研，创办了中国第一个“化工仪表与自动化”专业，是中国仪表自动化教育的开创者；1954 年他出版了中国第一部自动控制方面的专著《自动控制原理》，1963 年出版了《自动调节理论基础》。他从 20 世纪 60 年代初就着手进行气动自动学及气动自动装置的研究，为中国仪表界气动自动学奠定了理论和方法基础。改革开放后，刘豹积极开展和推动系统工程的研究、教育和实践，提出了利用系统工程方法解决重大社会经济问题的学术思想，建立起综合多种理论和方法的一整套社会经济系统建模理论，他与科技界同人共同发起成立了中国系统工程学会，创办了天津大学系统工程研究所（国内首批系统工程专业研究机构之一）。他在能源系统工程方面的研究成果为国家制定政策提供了科学依据，为能源系统管理提供了先进的分析方法。刘豹先生的研究成果曾获国家级科技进步二等奖 2 项、三等奖 1 项及省部级科技进步奖 10 项，在国内外期刊和正式出版的论文集上发表学术论文近百篇；培养出 80 多名硕士、30 余名博士。他曾获得天津市劳动模范，天津市优秀教育工作者，全国及天津市优秀归侨、侨眷，国家教委高教科技工作 40 年荣誉奖，天津大学金钥匙奖等荣誉称号。

十二、校友纪远东捐资设立“天津大学刘豹奖学金”

孙亮 写于2016年

美国校友纪远东于我校120年校庆之际以刘豹教授之名捐资200余万元人民币设立的“天津大学刘豹奖学金”将于2016年10月起正式发放。该奖学金每年将奖励我校各学院当年录取的天津籍考生第一名及9个学院当年河北省考生第一名。

纪远东是刘豹教授的第一位博士生，后由我校选送赴美深造，他关心支持天大发展，曾先后向母校捐款累计逾200万元人民币。该奖学金旨在表达其对恩师的感恩和怀念之情，并鼓励优秀学子报考天大、成才报国。

十三、美国校友纪远东捐资设立“天津大学刘豹奖学金”

孙亮 写于2016年6月

感念恩师 助力学子 献礼华诞

对于2016届高考考生来说，在填报志愿之时选择天津大学，不仅可以体味中国第一所现代大学的荣光，也将有机会感受国家和社会对高校学子的关爱之情，每个学子都享有一搏各类新生奖学金的机会，在天津大学完备的奖助学金体系中，有一支名为“天津大学刘豹奖学金”，它寄托了一位远在大洋彼岸的天大校友对母校的情谊、对恩师的思念和对新天大人的希冀，其浓浓的师生情、天大情亦传承久远。

故事要从天津大学120年校庆之时说起。2015年10月，美国校友纪远东以恩师刘豹教授之名捐资200余万人民币设立“天津大学刘豹奖学金”，以此表达对恩师的感恩和深切怀念之情，献礼母校双甲子华诞，鼓励优秀学子报考天津大学，奋发进取、成才报国。

根据协议，该奖学金将于2016年10月起，奖励每年天津大学各学院当年录取的天津籍考生第一名，及9个学院（自动化、精仪、经管、化工、机械、材料、建工、信息、计算机）当年河北省考生第一名，每人1500美元。

刘豹教授（1923—2013）是我国著名自动控制和系统工程专家、教育家，该领域的奠基人和开拓者之一，历任天津大学化工仪表教研室主任、热工仪表教研室主任、电力及自动化工程系主任、系统工程研究所所长、管理学院院长、名誉院长等职，为我国自动控制及系统工程学科的发展做出了不可磨灭的贡献，并培养了一大批杰出人才。

纪远东是天津大学电力及自动化系1981届硕士毕业生，毕业后留校任职于系统工程研究所，被选录为刘豹教授的第一位博士生，后由天津大学选送赴美深造，获凯斯西储大学博士学位，在美国先后从事电力系统规划、环境保护工程、通信系统规划、生物医学工程等方面工作并创立企业。事业有成后与其妻、子共同创立“Ji and Li Family Foundation”（纪李家庭基金会），旨在资助教育和人道主义事业。纪远东热爱关心母校，曾先后向母校捐款累计逾200万人民币，其中包括：2003年捐资5万美元支持母校抗击“非典”；2005年起设立“天津大学——远东春光奖学金”，连续10年每年奖励母校品学兼优的本科生30人，每人每年1000美元。此次以恩师名义设立奖学金，是纪远东关心支持天大发展的又一善举。

十四、“刘豹奖学金”首次颁奖 大一新生获1500美元奖励

孙亮 写于2016年

10月15日，以我国已故著名科学家刘豹教授命名的新生奖学金在天津大学会议楼举行首次颁奖，该奖学金由刘豹教授弟子、天大美国校友纪远东捐资设立，自今年起每年奖励各学院录取的天津籍考生第一名及自动

化、精仪等9个学院河北省考生第一名，每人1500美元。经评选，33位2016级新生获奖。

纪远东校友之弟纪远升、妹纪远中，刘豹教授夫人左月芬，刘豹教授学生王桂珠，原校党委书记、校友总会名誉会长杨渝钦，校党委副书记雷鸣，校友与基金处处长李秀民等出席仪式并为获奖代表颁奖。学工部副部长李霞主持仪式。

纪远升先生代远在美国的纪远东校友宣读了题为《以恩师之名 传天大情谊》发言稿。纪远东校友在文中深情回顾了与刘豹先生的师生情缘，以及在美国发展的情况。他表示："浪迹天涯30多年来，我始终惦念着母校。从2003年捐助天大5万美元抗击'非典'开始，这些年来纪李家庭基金会一直关注天大的发展。此次在天大设立以恩师刘豹命名的奖学金，是我们多年来报恩的继续。是国家和母校培育了我，此情终身不能忘。"

年逾八旬的左月芬老师在仪式现场非常激动，由王桂珠老师代为宣读发言。她在发言中对纪远东校友捐资设奖表示感谢，简要回顾了刘豹教授报效国家、奉献天大的一生，希望今天获奖的同学们能够不断进取，早日成为国家的栋梁之材，学有所成之后以纪远东校友为榜样，为天大的发展提供多方面的支持。

河北省获奖学生代表、自动化学院2016级本科生王坤放，天津市获奖学生代表、建筑学院2016级本科生马文超先后发言，对纪远东校友表示感谢，表示将努力学习，回馈学校、回馈校友。

雷鸣在讲话中对获奖学子表示祝贺，向纪远东校友表示感谢，并分享了刘豹教授教书育人、指导研究生论文写作的小故事，帮助同学们理解这份奖学金背后传递着的那份浓重情谊。她表示，奖学金是对各位同学中学成绩的充分肯定，升入大学这些成绩应当清零，希望同学们在新的征程上立下天大的志向，努力学习真本领，不断取得新的成绩，奋发成才，实现个人抱负，不辜负学校、校友和社会的期望。

据悉，去年 10 月天津大学 120 周年校庆期间，远在大洋彼岸的纪远东出资 200 余万人民币设立“天津大学刘豹奖学金”，表达对恩师的感恩和深切怀念之情，献礼母校双甲子华诞。

十五、良苦用心意，春风化雨情——刘豹教授的师者风范

任达 谢昕宁

勇于承担的育人精神

新中国成立后，经济建设急需大量的自动化技术人才，而国内当时尚无培养基地。面对这种状况，刘豹运用自己在美国所学到的先进的自动化技术知识，于 1954 年应邀到天津大学为新成立的化工机械专业开设了国内第一批化工自动化类新课，即“化工自动检测与自动控制”及“自动化”两门课程。1956 年又为精密仪器工程系开设了“自动控制原理”课程。同年，他在天津大学主持创办了全国第一个自动化仪表类专业——化工仪表与自动化专业。刘豹从 1960 年起就开始招收研究生，他所创办的天津大学系统工程研究所已锻炼形成了一支科技骨干队伍，成为全国首批硕士点、博士点和首批重点学科单位之一。他所培养出的人才在国家部委、科研单位、教育机构或大型企业、公司中担任领导职务或成为科技骨干力量，他们在我国的社会主义建设事业中、在发展自动控制和系统工程科学中、在促进国际学术交流中都发挥着应有的作用。

精益求精的研究态度

教育只有真正落实到每个细节和步骤上，才能够言传身教。作为天津大学系统所的带头人，刘豹重视人才，思想开放，不断鼓励学生和同事去

思考、创新和开拓。在学生心目中，刘豹是一位“严师”，对学生要求十分严格。学生每一篇论文他都要一遍遍地修改，甚至包括标点符号。学生们回忆说：“刘先生十分开明，也很重视人才。凡是他认为对科学发展有利的东西都会引进来，不断鼓励团队成员去创新。他处理问题十分公平，从不厚此薄彼，谁做出了成绩他都会很高兴，谁提出来好的方向，他都会力所能及地为他们创造条件。”系统所成立之后，刘豹要求大家每周都进行一次内部学术交流。“看了什么文献，有什么新的想法我们都会交流，也经常组织会议与其他组织交换意见。”他的同事和学生们回忆道，“系统所今天所取得的成绩都是在刘先生的带领下一点点积累起来的。”

温暖细致的师者胸怀

对于学业上的指点，刘豹善于采用多种引导方式。在 20 世纪 80 年代初，为了使自己的研究生得到更好的教育，刘豹不仅精心组织师资队伍，还克服各种困难邀请当时日本神户大学的平井一正、德国波鸿鲁尔大学的翁贝豪恩等海外教授给学生来上重要课程，全力为学生提供最好的学习平台。在带领学生参加重要的国际国内学术会议时，刘豹没有带着自己的学生去拜见知名学者，而是鼓励学生勇敢地走出去，他说：“你们应自己主动去谈，若你想法有趣，人家自然会有共鸣；若你本身就无见地，引荐又有何用？”这种逼迫小鹰飞翔的教育方法让学生拥有了更多的独立性和更为出色的表达能力。对于学生来说，刘豹就像是一个“慢变量”，总是以一种潜移默化的方式默默地感染和教育着周围的人。刘豹的一生桃李满天，培养了 80 多名硕士、30 余名博士，其中有 2 人已经成为院士。在教书育人的过程中，刘豹不求回报的大家风范与他的科技成果一样铭刻在学生和同事的脑海中。时隔多年，当年的青涩学子也已是人到中年、老年。即便拥有了属于自己的辉煌成就和社会地位，老师家里的烤红薯、烹煮的过滤咖啡仍然是铭刻在记忆中的珍馐美味。

（本文摘自《天大风骨——十八罗汉纪实》一书，略有删改。《天大风骨——十八罗汉纪实》：20世纪60年代，天津大学在全校教师中遴选出18名骨干教师，负责国家重点科研项目，被誉为“十八罗汉”。《天大风骨——十八罗汉纪实》主要记录了他们为人、为学、为师的故事。）

十六、“祖国的需要就是自己的责任”，他的塑像在天大校园中揭幕

宇文慧 孙雨斯 刘航江 张新怡 刘新领 写于2018年10月

2018年10月24日下午，天津大学管理与经济学部于第25教学楼A区大厅举行了创院院长刘豹先生塑像揭幕仪式。天津大学校长钟登华、美国国家工程院院士 James M. Tien、中国系统工程学会秘书长杨晓光、原天津大学管理学院院长齐二石、刘豹先生女儿刘瑞出席仪式并致辞。国内20余所高校商(管理)学院院长及部分刘豹先生的弟子参加了揭幕仪式。借助先生塑像，将先生高尚的品德、严谨的学风、科学的思维、高效的方法继承下来，传承下去，使先生的精神和事业发扬光大，这是对先生最好的缅怀和纪念。

念四十载悠悠岁月，师者口授心传，学子求索成才，至如今，桃李天下，匠作心法是繁。回望往昔，英雄辈出，人才济济，肩负兴学强国之使命，天津大学管理学院应运而生。这时，涌现了这样一批人，他们志气蓬勃地勇立潮头，信念坚定地开辟道路，引领人们阔步前行。今天，让我们走近其中一位佼佼者——管理学院创院院长刘豹先生，一同揭开那段尘封的岁月。

求学为国

路漫漫其修远兮，吾将上下而求索

“祖国的需要就是自己的责任。”秉持着这样的信念，刘豹先生将他的一生奉献给了祖国。1941年，出生于艺术世家的刘豹先生正在上海求学。天下兴亡，匹夫有责，怀揣着一腔报国热情的刘豹先生离开了家乡，在战争年代，踏上了他的救国之路，并在一个陌生的领域结缘了他一生的梦——自动控制与系统工程。

1946年，刘豹先生在重庆大学机械工程系毕业后进入北洋大学机械工程系任助教。切身体会到教育和科技对国家发展的重要性后，刘豹先生选择了出国深造。科罗拉多大学的求学经历让刘豹先生认识了一个全新的领域，自此，刘豹先生对自动控制原理的研究正式开始。1949年10月1日，新中国成立的消息如火种般点燃了刘豹先生的报国心。在那一刻，他不是一个工程师，也不是一个即将攻读博士的学者，他只是生于中国、长于中国的青年，怀抱着拳拳爱国之情，他要回国去！他要去回报那片哺育他的土地，要去抚平那片满目疮痍的土地上的创口，他要为新中国贡献自己的力量。尽管长路漫漫，没有人知道尽头在哪里，刘豹先生依然迎难而上，在一个对国内来说全新、未知的领域上下求索，试图开辟出一条新的道路。

潜心治学

古人学问无遗力，少壮功夫老始成

新中国成立之初，国内尚没有一部自主出版的自动控制理论专著。作为深谙国外理论且明晰中国该学科情况的资深学者，刘豹先生提出：“我们不仅要吸收国外先进知识和经验，更要注意从中国实际情况出发。”随后，《自动控制原理》一书问世，弥补了国内自动控制理论专著的空白；气动仪表的设计和研究推出，对国际自动化学科的应用研究和理论研究的发展产生了重要影响。刘豹主编的《自动调节理论基础》成为许多从事自动化设计工作者的基础入门书。

“随着时代的发展，人类将面对越来越多的社会、经济问题，它们远比工程系统中的问题复杂，迫切需要研究和发展有力的技术手段来解决。”刘豹先生敏锐的观察力和果敢的实践力超乎寻常。除了从事系统工程的理论研究，他还在系统工程的实践与推广、多层次分析的优化方法等方面都做出了卓越的贡献。从 1949 年到 1995 年，刘豹先生将他半生时光酝酿作新中国科学体系中的一味甘甜。科学无国界，但科学家有祖国。他对祖国的一腔热忱，对中华民族的高度责任，早已融入其所创的严谨的科学体系之中，深入骨髓，溶于血脉，相伴一生。

教书育人

令公桃李满天下，何须堂前更种花

回国之后的刘豹先生并不局限于理论研究，在人才紧缺的当时，他要第一时间为祖国培育出一批优秀人才，为中国自动控制系统培育出第一片绿荫。1954 年，刘豹先生应邀为天津大学化工机械专业开设了国内第一门化工自动类课程——“化工自动检测与自动控制”，随后又开设了“自动化”课程。一夜夜的呕心沥血，一页页的教学大纲，他期待着中国自动控制领域的未来能一片大好。时光没有辜负他的深情，1978 年，刘豹先生研究领域扩展到系统工程和管理学科，并领导创立了天津大学系统工程研究所，经过多年努力奋斗，成为全国首批博士点和首批重点学科单位之一。

“刘先生的严不是口头上的，而是身体力行的。他不停地研究，我们必须不停地学习才能跟上。行动的影响力是最大的，远比你说什么要深刻得多。”刘豹先生的助手贺国光老师曾这样描述刘老。教育只有落实到每个细节和步骤上，才能够算是言传身教。刘豹先生总是以一种潜移默化的方式感染和教育周围的人。

如果说“严”是刘豹先生的做事态度，那么“亲”则是他待人交际的人文情怀。面对学生的一再提问，他巧用形象的比喻回答；面对重要的国际会议，他鼓励学生主动与学者交谈；对家庭困难的学生，他主动为学生提供住所；对来家拜访的学生，还准备过烤红薯和热咖啡……他想将一切最好的都留给他的学生、都献给他的祖国。刘豹先生一生培养了 80 多名硕士、30 余名博士，其中有两名已经成为院士。如今、未来，一定会有越来越多的天大人在刘豹先生精神的引导下，在祖国的各个岗位上，为祖国发展做出贡献。

宁静致远

草色人心相与闲，是非名利有无间

刘豹先生家中悬挂着两幅字画。其中一幅《宇宙大观园》出自其父刘海粟先生之手，时刻提醒着刘豹先生治学要做到“宇宙大观”，既要有高度，又要有实事求是的态度。另一幅字画题有“宠辱不惊，看庭前花开花落；去留无意，望天上云卷云舒”，这正是他这一生的生动写照。宠，作为科学巨人，全国政协委员、常委，他依旧潜心科研，不断深入研究，创造科学价值；辱，“文化大革命”期间，巨大的舆论和精神压力并没有阻挡他前进的脚步，他的治学仍在继续，研究仍不断推进。淡泊明志，慈厚以怀，刘豹先生从艺术之中撷修身治国之精神。面对压力，淡然处之，一笑置之，“爱国奉献”四字，早已深深印刻在他的心中。他始终保持着工作上的纯粹与生活中的祥和，斑斓的艺术彩影帮助刘豹先生度过了那些艰难的岁月，大业既成，至于过去种种是非对错，早已成过往云烟。

我们不知刘豹先生是否也曾醉心世事繁华，我们不知刘豹先生是否会遗憾于未走上艺术之路，但正是他，意气风发之时闯入了中国的科学结构体系，一路栉风沐雨，构建了高楼大厦，终生勤勉于其中，不愿再离开。

他是归家的飞鸟，一身诗意，满面沧桑。那些响彻科技前沿的中国声音，正是老人这一生最生动的注脚。一百二十三年北洋七星灯火常明，四十载春秋冬夏经管薪火相传。

纪念篇

一、纪念天津大学“十八罗汉”之刘豹先生

杨贤金 讲于2023年6月纪念刘豹先生诞辰100周年活动

尊敬的各位来宾，老师们、同学们：

今天，我们怀着十分崇敬的心情相聚于此，纪念刘豹先生诞辰100周年，追思他的卓著业绩和高洁品格。在此，我代表天津大学向刘豹先生表示崇高的敬意和深切的怀念。

刘豹先生是自动控制和系统工程专家、教育家，我国该领域的奠基人和开拓者之一。他始终坚持理论与实践相结合、教育与科研相结合，为我国自动控制及系统工程学科的发展做出了不可磨灭的贡献，并培养了一大批杰出人才。他曾荣获多项国家级科技进步奖，全国及天津市优秀归侨、侨眷，天津市劳动模范、优秀教育工作者等奖项与荣誉。

我们都深切体会到，一个人遇到好老师是人生的幸运，一个学校拥有好老师是学校的光荣，一个民族源源不断涌现出一批又一批好老师则是民族的希望。在悠长的历史进程中，天津大学涌现出了一大批杰出的教育家和知名学者。20世纪60年代，在李曙森老校长的倡导下，学校遴选18

名骨干教师为各学科的学术带头人，重点培养62名青年教师，被称为“十八罗汉”和“六十二小罗汉”，他们的为人、为学、为师，都体现出一代学者的风范，刘豹先生就是其中的杰出代表。今天，在至亲的怀念、学生的记述、后学的追忆中，我们更能切身感受到他作为“大先生”的崇高精神品质。

他始终报效国家、服务人民。祖国的需要就是自己的责任，这是刘豹先生一生秉承的信念。在时局动荡、民族危亡之际，他胸怀报效祖国的理想，选择就读重庆大学机械工程系，走上了科学研究的道路，并为此奉献一生。1946 年，他进入北洋大学任教而后赴美深造。面对新中国成立之初的百废待兴，他放弃了在美国优越的工作条件和攻读博士学位的机会，怀着建设祖国的满腔激情踏上了新中国的土地。1954 年，他再次回到北洋园，数十年兢兢业业、无怨无悔，把所有的精力都献给科学研究和人才培养的教育事业，兑现了报效国家、服务人民的庄严承诺。

他始终求索不息，精益求精。刘豹先生认识到，完善国内自动控制学科建设，不仅要吸收国外先进知识和经验，更要注意从中国实际情况出发。他于 1954 年出版了中国第一部自动控制方面的专著《自动控制原理》，于 1963 年出版了《自动调节理论基础》，产生了广泛的影响。他从事气动自动学及气动自动装置的研究，为中国仪表界气动自动学奠定了理论和方法基础。他治学严谨，思维活跃，善于洞察学科发展的新动向。改革开放以后，他积极开展和推动系统工程的研究、教育和实践，与科技界同人共同发起成立了中国系统工程学会，创办了天津大学系统工程研究所。在科研道路上，他勇于开拓、矢志创新，不断引领着我国自动控制及系统工程学科的发展。

他始终严谨治学、潜心育人。刘豹先生主持创办了全国第一个自动化仪表类专业，牵头负责全国高校该专业的教学计划、教学大纲和教材建设工作，组织全国自动化仪表标准化、系列化工作。他积极参与同国际学术界的交流活动，努力学习国外的先进技术，立志要让中国走向世界，让世界了解中国。他认为，教育只有真正落实到每个细节和步骤上，才能够言传身教，始终用潜移默化的方式感染和教育着周围的人，他要求学生做学问时必须严谨细致，与人交流时要勇敢表达，发现学生遇到生活困难时，他会第一时间帮助协调解决。大学犹如大海，老师和学生犹如海里之鱼，学生在跟随老师“从游”中学会为学、为事、为人。刘豹先生用勇于承担的育人精神、开放包容的治学理念、精益求精的研究态度、温暖细致的师者胸怀，始终潜移默化地教育和影响着学生，为国家培养了一批卓越人才。

刘豹先生是天津大学系统工程研究所的创始所长、天津大学管理学院首任院长。在以刘豹先生为代表的老一辈所开创的事业的基础上，在一代代天大经管人的努力下，我校管理学科持续保持国内一流水平。希望经管学部师生继续传承老一代学者拼搏创新的精神，接续奋斗，砥砺前行，再立新功。

老师们、同学们！刘豹先生是我们永远怀念、崇敬的一位老师。高山仰止，风范长存，他报效祖国、严谨治学、潜心育人的品格与风骨，将激励我们在新的征程上继往开来，乘势而上，不断开创中国特色世界一流大学建设的新局面。谢谢大家！

二、刘豹先生是时代丰碑

马寿峰代读钟登华亲笔书信

于 2023 年 6 月纪念刘豹先生诞辰 100 周年活动

在刘豹先生诞辰百年之际，我们共同缅怀先生为学、为师、为人的珍贵往事，共同传承弘扬先生的崇高精神风范。先生的思想信念、生活态度、道德品质、治学方法深深影响了我，改变了我的人生命运，永远铭记在心！

先生是我国自动控制、系统工程及管理学科的开拓者和奠基人，辛勤耕耘七十余载，为我国自动控制、系统工程学科建设举旗扛鼎、奋斗一生，是德高望重、令人敬仰的一代宗师，是科学家、教育家的典范和大先生的楷模，如同一座丰碑，需要我们用一生去学习、去领会、去传承。

第一要传承弘扬先生胸怀家国的情怀。“祖国的需要就是自己的责任”，先生用一生的行动阐释了这个信念。先生是新中国最早的一批归国人员。他早年留学美国，为了新中国的发展，放弃优厚的工作生活条件，毅然回国。他从自己做起，从本职岗位做起，用自己的实际行动，把爱国之情、报国之志融入祖国建设的伟大事业中。

第二要传承弘扬先生勇于创新的精神。先生将毕生的精力都用在人才培养和科学研究工作中，他的研究方向一直处于学术前沿，创办了我国第一个化工仪表与自动化专业，出版了国内第一部自动控制方面的专著。1978 年以后，先生的研究领域扩展到系统工程及管理学科，提出了社会经济系统建模理论，多层次多分支优化方法。先生领导的团队在能源系统工程、社会经济等领域取得了重要成果，为我国经济和社会发展做出了重要的贡献。

第三要传承弘扬先生严谨治学的态度。先生是一位“严师”，学生的每一篇论文他都要一遍遍地修改，不仅仔细讨论学术思想、反复推敲方法的严谨性，对论文修辞、标点和格式也都细致要求。我个人的体会和大家一样，先生的严不是口头上的，他从来不批评人，但总是以自己的言传身教去影响身边的人。先生一生桃李满天下，培养了一大批杰出人才。

第四要传承弘扬先生豁达从容的品格。每次去拜见先生，都能感受到一种从容淡定的平静。正如先生家里字画的题字：宠辱不惊，看庭前花开花落；去留无意，望天上云卷云舒。先生一生经历了人生的顺境和逆境，都能淡然处之，始终保持着工作上的纯粹与生活中的祥和。

新时代新征程，以中国式现代化推进中华民族伟大复兴，建设教育强国、科技强国和人才强国，机遇前所未有，使命催人奋进。传承是最好的纪念，我们要大力传承先生的精神品格，发扬光大先生开创的伟大事业，加快构建中国自主的知识体系，着力培养党和国家需要的创新人才，共同创造新的更大辉煌。

三、超越学术范畴的文化记忆

盛昭瀚 讲于2023年6月纪念刘豹先生诞辰100周年活动

各位来宾，老师们、同学们，今天，我们怀着无比崇敬的心情来纪念刘豹先生诞辰一百周年，非常感谢这个活动，使我有机会在这里和大家做一个汇报和交流。

我今天汇报的题目是“超越学术范畴的文化记忆”。我想，这已经远远不止是在追忆先生非凡辉煌的一生、求真求实的学术精神，以及三尺讲台、四季晴雨的胸怀，而是一次触及我们每个人灵魂深处的那份震撼和感动。

引领学科前沿，成就科学“绿洲”

刘先生祖籍江苏常州武进，抗战时期到重庆大学去读书，后来在北洋大学任助教，又到美国去留学。1949年拿到学位以后，被聘为Baldwin机车厂工程师。这时新中国诞生了，刘先生于1950年2月回到了新中国。

刘先生是在新中国诞生的欢庆锣鼓声中自海外归来的科技人员，他的目的就是为新中国建设服务。刘先生先由教育部介绍到大连海军学校，后来到天大工作，先军后民，不挑不拣，始终以国家需求为导向。只有经过那个时代的人，才能够切身感受到刘先生家国情怀的高尚。

几十年来，刘先生从事的专业从机械、化工仪表、热工仪表、自动控制、电力及自动化到系统工程，他是在一步步丈量着新中国国家工业化和科学技术现代化的前进步伐，同时还始终站在学科的前沿与时俱进。

不难想见，先生在这一历程中完成了多少开创性的工作，又有多少突破性的成果，但是先生 1954 年才被评为讲师，1956 年评为副教授，七年以后，到 1963 年才被评为教授，这比我们现在年轻一代的讲师、副教授、教授要慢许多，但他一直兢兢业业地工作，映现出先生心间那淡泊明志的一泓清泉。这是老一辈科学家普遍的品质，即博学多才、勤奋严谨、两袖清风、提携后学、大师风范、数十年如一日。

从学理上来看，运筹学、系统工程与今天的管理科学与工程可谓同根同源。恩格斯讲，科学是一种特殊的社会建制。我们国家在20世纪50年代，学术界还没有明晰的管理科学与工程学科，但是，那时一批世界著名的控制论专家、数学家，像钱学森先生、华罗庚先生、吴文俊先生等，他们在各自的学科领域里面都做了系统工程和运筹学的开创性工作，培养了一批相关领域的杰出人才。

从当今的学科内涵看，当时的运筹学和系统工程实际上和我们今天的管理科学与工程有着共同的渊源和根脉。当时的系统工程的发展也为今天的管理科学与工程的发展积累了必要的潜能，甚至对今天的管理科学与工程学科的内核与范式的形成提供了基本的规定性。

因此，当时的那一批科学家，包括刘豹先生所彰显出的科学自信与学术远见，已经成为我们几代人极其宝贵的精神财富。所以我在一篇文章里面说，在那一段时期，系统工程是我国管理科学与工程学科生命历程中的一块“绿洲”。

几代传承发扬，精神根脉不衰

改革开放以后，我国科学的春天到来了。系统工程从航天战线的“点火”发展到全国各行各业的“星火燎原”。1978年，刘先生从自动控制转向系统工程，因为系统工程在当时是国家改革开放的重大需求。刘先生在这方面做了很多开拓性的工作，包括和21位科技同人共同创建了中国系统工程学会、创办了天津大学系统工程研究所等等。从此，中国系统工程的发展呈现出旺盛的生命力，也预示了今天的管理科学与工程春天的来临！

在那个时期，中国系统工程界有几位大师，首先是钱老，还有像中国科学院的一批数学家，在自控方面有上海交大的张钟俊先生、南京工学院的钱钟韩先生、天津大学的刘豹先生、华中工学院的陈珽先生、大连工学院的王众托先生、西安交大的汪应洛先生等，他们都是当时的自动控制兼系统工程学家。

那个时候我们还是中青年人，同时，系统工程发展可谓处于黄金时期，我有几个非常深刻和鲜明的印象：

第一，20世纪80年代左右，中国的系统工程观念非常普及，并有着广泛的群众基础，当时上上下下有一句流行语，即以“某某工作是一项系统工程”来表达对某项工作的整体性与管理学认识。系统工程培训班如雨后春笋，学员们来自全国各地，挤在一个教室里，不分年龄，不分职业，不管你是穿便装的还是穿军装的都是同学，大家把教室挤得水泄不通。上课的中国科学院数学家们没有一点儿架子，黑板擦了又写、写了又擦，搞得中山装上面全是粉笔灰；中国科学院物理学家运用激波形成的强间断、强非线性效应来研究城市交通灯的控制规律。大学里自动控制硕士研究生的运筹学课程要讲80课时，期末考试从早上8点一直考到下午2点，研究生还不肯交卷。

第二，那个时候的系统工程工作者，“哪怕我只知道一点儿皮毛，都力求用理论和新方法来解决实际问题”。大到刘先生研究的国家能源、宋健先生研究的人口控制，小到企业的产品下料、农作物的品种配置，还有领导干部做报告，都时不时冒出“这是一项系统工程”这八个字，乐此不疲。

第三，系统工程教育如火如荼，因为系统工程兼理兼工兼管，上能做决策，下能管企业。思想特别活跃的年轻人都愿意学系统工程，其中有一批杰出的人才，成为许多专业，特别是后来的管理科学与工程学科的领军人才。今天天大管理科学与工程专业的一批中年学科带头人都有着当年系统工程的底子。

第四，随着市场经济的发展，系统工程在中国的热潮逐渐被管理学领域的工商管理、企业管理所替代，后来就很少办专门的运筹学学习班，而多改办企业管理、企业家培训班，系统工程研究的焦点也从实践应用逐渐转到学术理论研究。不少高校还摘下了系统工程的牌子，因为当时教育部有一个规定，一个系统工程的牌子可以换一个管理科学与工程的牌子，后来有些高校又重新恢复了系统工程学科。

这就是今天在我国有些高校里，系统工程和管理科学与工程两个专业并存的历史渊源。从学理上来讲，系统工程和管理科学与工程就像一对“堂兄弟”，同根同源。

事实表明，在我国，一个大学的管理科学与工程学科，如果能够长期保持平稳或有较高的水平，往往前期有着较强壮的系统工程学养的滋润或大师的传承。今天我们在这里纪念刘先生，就是一个生动的示范。

天津大学的“管理科学与工程”专业的前身是“系统工程”专业，正因为管理科学与工程专业有着强壮的系统工程专业的基础，所以天津大学的管理科学与工程学科在全国也是非常优秀的。进一步，天津大学之所以能从管理科学与工程不断拓展，直至发展至今天的学科群（学部），数十年来天津大学的系统工程的优良传统一直发挥着重要的压舱石作用也是重要的基础性原因。

刘先生的学养和品德通过几代人一直延绵不断，我过去接触比较多的如顾培亮先生、韩文秀先生、寇纪淞先生、齐二石先生、张维先生，以及马寿峰、李敏强等更年轻的老师，刘先生的精神在他们身上不断地继承和发扬光大，才使得天津大学从系统工程最初幼芽中的那一片绿叶成长为今天学科群繁花似锦的百花园。

建立“复杂”思维，学术之树常青

当然，我们今天在这里纪念刘先生，告慰先生的不只是上述这些。我想，可能先生更期盼后人能够传承和发扬前人的事业，让学院、学部乃至我国的管理学的学术之树常绿，这是一个事关学部、学科、学术发展的大格局、大问题和大学问，这就不得不让我们以今天的视角，进一步深思系统工程和管理科学。

总体来讲，我想我们不宜再从系统工程、管理科学与工程、工程管理这样的被人为割裂开的学科划分思考问题，而要在整体性、全局性和战略性层面，用“大科学”哲学思维考虑国家和人类的管理活动的本质属性和思维范式的转移：

第一，当今所有的管理活动、现象、问题和行为，已经在原来系统性的意义下显现出“复杂的”直观感知和“复杂性”本质属性的理性认知。

第二，人类对社会经济领域管理的学术研究的发展道路必定要出现适应性的“复杂性”战略转折，而在转折点上将实现管理学新的思维范式转移。

第三，原来传统的管理学方法论和方法体系在许多方面已经成为管理学发展的瓶颈，一种关于管理学研究的新范式已经到来，这就是管理学术界称为“管理：从系统性到复杂性”或者“复杂系统工程和复杂系统管理”时代的到来。

首先，从当前的流行语，或者当前的一些新学术话语体系，就能够印证这一点。例如：疫情要防住，经济要稳住，发展要安全；东北要振兴，西部大开发，中部要崛起，长三角一体化，长江经济带，黄河流域高水平保护与高质量发展，京津冀协同发展等等。哪一项工作不是包含着复杂整体性?

其次，复杂系统工程以及复杂性管理在我国国家治国理政和中国式现代化事业中的重要作用越来越鲜明。中央文件指出，中国需要解决的问题越来越复杂，我国深化改革是一项复杂的系统工程，创新是一项复杂的社会系统工程。

同时，全世界的学术界都在关注对“复杂”的研究， 2021 年，全世界开了 200 多个与“复杂”有关的学术会议；我国管理科学与工程学会正式成立了“复杂系统管理”分会；国家自然科学基金委管理科学部就把重大科学前沿“探索百年变局中的复杂管理”纳入了“十四五”学科规划中。

天大的学者也非常关注上述重要动向，例如，张维教授在今年 3 月马鞍山的复杂系统管理分会的第一次会议上，做了《走出舒适圈：以复杂性关联认知金融》的学术报告；杜慧滨教授运用复杂系统管理思想研究我国黄河流域的复杂环境治理，为黄河治理实践提供科学目标、行为规范与工作评价体系。

中国学者的这些工作说明了：第一，大家正在把传统的系统工程学科思想提升到当前时代性新的高度。第二，传统管理学思维与范式正面临普遍的复杂性挑战，需要有新的复杂性思维范式和动能驱动。第三，把系统工程和管理科学结合在一起，能够实现人们对管理复杂性怎么看与对复杂性管理怎么干的统一。第四，钱学森先生、刘豹先生等老一辈系统科学和系统工程学家们的学术思想在当前管理从系统性到复杂性的重要转折中，给我们准备了思想内核与逻辑内涵。

共勉先辈精神，镌刻文化记忆

在即将结束这一次交流的时候，我心中有着无限的感慨。

刘先生是天津大学，特别是天津大学经管学部的极其宝贵的精神财富。

第一，他做的工作为后人的前行积蓄了潜能，准备了起飞的条件。

第二，他淡泊名利、体恤后生的品德，是我们永远学习的榜样。

今天，我们不仅在精神上学习缅怀刘先生，更要在学术发展方面，做先辈们没有来得及做的事情，这是一个关系到中国的管理科学与工程，甚至中国管理学术尊严的问题。所以，我们今天在一起纪念刘先生，应该是一种在宏观意义上具有社会性、更深刻的集体记忆，这一更具有社会意义和历史价值的集体性的记忆，在社会学里面，称为人类社会行为中的“文化记忆”。文化记忆不仅仅是对某个人的某些个别的事件，包括他的思想和实践的认同，更是对那个时代和当今这个时代所有人的历史责任的理解。让刘豹先生的精神成为激励我们前进的力量，所以，今天我们在天津一起来纪念刘豹先生诞辰 100 周年，是一种有着深刻意蕴的超越学术范畴的文化记忆。

谢谢各位！

四、铭记贡献 传承精神

高自友 讲于 2023 年 6 月纪念刘豹先生诞辰 100 周年活动

尊敬的杨贤金书记，雷鸣副书记，经管学部的各位领导、老师和同学们，尊敬的各位来宾与同人：

大家上午好！

今天，我们怀着十分崇敬的心情，齐聚天大，共同纪念我国自动控制、系统工程及管理学科的主要开创者和奠基人之一刘豹先生诞辰 100 周年，一起重温刘豹先生心怀天下、情系家国的崇高精神和理想信念。在此，我谨代表管理科学与工程学会全体同人，向刘豹先生家属、天津大学管理与经济学部全体师生致以诚挚的问候和美好的祝福！

刘豹先生是我国杰出的科学家、教育家，他的毕生奉献和学术造诣，为我国的科技进步、人才培养和经济社会发展做出了巨大的贡献。刘豹先生不仅为我国自动控制学科的发展奠定了坚实的基础，在系统工程领域亦是一位杰出的开拓者。他将系统工程理论与实践相结合，从针对硬系统的控制理论到针对软系统的系统工程，体现了高屋建瓴地对科学发展方向的敏锐洞察；他在国家能源系统工程、社会经济系统建模理论等研究领域取得了重要成果，不但在解决国家战略需求问题中发挥了重要作用，而且为中国管理学科的发展做出了卓越贡献。

刘豹先生开创性的工作，为后来的学者提供了丰富的理论资源和实践经验。1978 年全国科学大会以后，经教育部批准，他创建了天津大学系统工程研究所，这是全国首批从事系统工程研究的专业机构之一，也是全国首批硕士点、博士点和首批重点学科单位之一。在刘豹先生的启示和指导下，在一代代学者的共同努力下，我国在系统工程研究方面逐渐形成了一支强大的队伍，取得了一系列重要的研究成果。他所培养出的众多优秀人才在国家部委、科研单位、教育机构与大型企业中担任重要岗位或成为科技骨干力量，他们在我国社会主义建设事业中，在发展自动控制、系统工程和管理科学中，在促进国际合作交流发展中都发挥着突出的作用。

在刘豹先生的带领和全体经管人几十年的不懈努力奋斗下，天津大学管理学科拥有了深厚的历史积淀和极为强劲的学科实力，在国内外享有盛誉，为推动中国管理学科的进步和发展贡献了天大经管人的智慧和成就。特别是，学部的管理科学与工程学科在第五次全国一级学科评估排名中名列前茅，可喜可贺！

管理科学与工程学会是民政部正式批准的国家一级学会。自2009年成立以来，一直致力于推动我国管理科学与工程领域的学术交流和创新发展，并在推动和服务我国管理科学与工程学科的高质量可持续发展方面发挥了重要作用。天大经管学部作为学会创始的常务理事单位之一，在学科建设和学术交流等方面和学会一直保持着密切的联系，对学会各项工作给予了大力支持。目前，天大经管学部的很多国家级领军人才、高水平中青年教师都在学会的总会以及工业工程与管理、大数据与商务分析、智能决策管理、管理系统工程、工程管理、质量与可靠性管理等二级分会担任重要领导职务，借此机会也衷心感谢学部各位专家学者为学会的建设与发展所做出的不懈努力与突出贡献。

传承是最好的纪念，担当是最好的传承。习近平总书记指出，培养担当民族复兴大任的时代新人要坚持把立德树人作为根本任务。面对新时代新要求新形势，管理科学与工程学会愿与天大经管学部全体师生一道，秉承刘豹等老一辈科学家们在干事创业中的可贵品格与崇高精神，继承发扬他们实事求是的学术精神和胸怀家国的处世态度，共同为我国管理科学与工程学科的建设与发展，为培养更多优秀的现代管理人才，为我国的经济社会发展与科技进步做出更大贡献。

最后预祝本次纪念活动取得圆满成功！

谢谢大家！

五、刘豹先生光华永存

杨晓光 讲于2023年6月纪念刘豹先生诞辰100周年活动

尊敬的女士们、先生们：

大家好！

今天，我非常荣幸地参加刘豹先生百年诞辰纪念活动。刘豹先生是中国系统工程学科的开创者之一，也是中国系统工程学会的创始人之一。我代表中国系统工程学会向这位伟大的学者和教育家致以崇高的敬意。

控制论是系统工程的基础学科之一。刘豹先生 1948 年考入美国科罗拉多大学研究生院，开始系统学习自动控制原理。1954 年刘豹先生从解放军大连海军学校转入天津大学，创办了中国第一个“化工仪表与自动化”专业，开设了国内第一门化工自动化类课程，出版了国内第一部自动控制方面的专著。随后刘豹先生在能源系统工程、社会经济系统建模理论等研究领域都取得了重要成果，为中国自动控制与系统工程的发展做出了一系列开创性的工作。

随着时代的发展和社会的变迁，刘豹先生敏锐地意识到亟须研究和发展强有力的技术手段来解决越来越复杂的社会经济问题。1978 年，他将研究领域扩展到系统工程和管理学科，领导创立了天津大学系统工程研究所。1980 年，刘豹先生与钱学森、宋健等 21 位科技界同人共同发起成立了中国系统工程学会。他坚持学科的建设要适应国家的需要，阐述中国系统工程的研究内容及发展方向，倡导定性与定量相结合的研究方式，强调对复杂系统方法论的研究。

刘豹先生一直十分关心和支持中国系统工程学会的工作。他曾连续三届担任学会副理事长，并于 1980 年、1985 年、1990 年与理事长等共同主持了中国系统工程学会年会及学术讨论会。刘豹先生还长期担任过学会编辑出版工作委员会主任，领导和指导学会的期刊建设和学术出版工作，他还亲自担任学会主办期刊《系统工程学报》和《系统科学与系统工程学报》(英文版)主编，为中国系统工程学科的学术发展做出了卓越的贡献。刘豹先生德高望重，淡泊名利，严谨治学，守正创新，为学会长期健康发展奠定了坚实的基础。

大师已去，光华永存。我代表中国系统工程学会对刘豹先生致以最崇高的敬意，他的学术成就和领导力为中国系统工程的发展铸就了辉煌的一页。新时代、新征程，让我们共同努力，继承刘豹先生的学术遗志，为中国系统工程学科的繁荣做出更加卓越的贡献！

谢谢大家！

六、学生为学、为事、为人的大先生

杜慧滨 讲于2023年6月纪念刘豹先生诞辰100周年活动

尊敬的各位领导，各位来宾，朋友们、老师们、同学们：

大家上午好！

非常感谢各位在百忙之中莅临天津大学，一起缅怀天津大学管理学院创院院长刘豹先生。我谨代表学部，对各位的到来表示热烈的欢迎和诚挚的感谢！回想起刘豹先生，我心中充满了怀念与敬仰之情。

2008年，先生85岁；那一年正值天津大学系统工程研究所成立30周年，我有幸到先生家采访，第一次近距离接触刘先生。先生的一生波澜壮阔，但口中说出却是云淡风轻，先生的平和、从容让我久难忘怀。后来先生仙逝，我随同先生的家人一路护送先生遗骨回乡。值此诞辰100周年之际，再次追忆先生的过往，不觉感慨万千。

习近平总书记曾勉励广大教师“要做大先生，做学生为学、为事、为人的示范”，刘豹先生就是我们心中的大先生。先生是多个领域的开拓者和奠基人：他开设了中国第一门化工自动化类课程，出版了中国第一部自动控制专著，创办了中国第一个自动化类仪表专业，奠定了国内气动自动学及装置研究基础；1978年参加国家的科学发展规划时，先生又敏锐察觉到系统工程对我国社会主义现代化建设的意义，将研究方向拓展到系统工程，并创办了天津大学系统工程研究所这一全国首批从事系统工程研究的专业机构，开启了天津大学管理学科的建设。

先生始终以国家需求为己任，不断探索我国管理实践中的真问题、大问题。基于在动态系统辨识与控制方面的深厚造诣，以其系统性思维的全局观、扎实的理论基础和跨学科的研究范式，建立了一整套特色鲜明的社会经济复杂系统建模理论和方法体系，并将其应用于能源、环境、交通、科技、人口等多个关乎国计民生的重要领域。

“在学科交叉融合的边缘发现复杂科学问题，在学科交叉融合的过程中解决复杂科学问题”，先生为中国系统工程以及管理科学与工程学科的发展做出了开创性的贡献。他高瞻远瞩的学术思想至今还影响着经管学部学科布局与特色方向发展。不仅限于学术领域，先生还担任全国政协第八届常委，为国家发展大计殚精竭虑。

先生严谨创新的科学精神，海纳百川的家国情怀影响和激励着他的弟子、学生和几代经管人。在先生奠基的事业基础上，历经 40 余年的积淀，学部蓬勃发展，在教育教学、人才培养、科学研究和社会服务等方面都取得了令人瞩目的成绩。

薪火相传、继往开来，天大经管人将在刘豹先生“矢志报国、春风桃李；襟怀辽阔、求索不息”的精神品格引领下，勇担新时代高等教育使命，坚守为党育人、为国育才初心，推进“新工科 + 新商科”发展理念。我们愿与各界同人一起携手，面向中国情境培养卓越创新领袖人才，面向国家战略需求做顶天立地研究，面向建设人类命运共同体贡献前沿管理思想，向着我国创新型国家建设和中华民族伟大复兴中国梦的实现不懈奋斗。

谢谢大家！

七、致敬我生命中最伟大的人

刘瑞 讲于2023年6月纪念刘豹先生诞辰100周年活动

尊敬的各位领导，尊敬的各位嘉宾，老师们、同学们：

早上好！

今天我非常荣幸能够和大家一起来参加纪念我父亲诞辰100周年活动。我想在这里向大家分享一些父亲生活中的点点滴滴。

父亲在专业上卓越出众，他更是一位很了不起的爸爸。他虽然工作繁忙，但还是尽可能地抽出时间来培养我学习新的技能。记得在我上小学的时候，有幸师从天津歌舞剧院首席蔡老师学习小提琴。在那个年代，琴谱都是向老师借的，也没有复印机，所以只能把借来的琴谱一个音符、一个音符地手抄下来。这对于没有抄写五线谱经验的父亲来讲，困难之大是可想而知的。为此，父亲专门学习了乐谱知识，开始了抄写一本四十多张乐谱的巨大工程。他完美地结束了这项工程，准确无误地把琴谱抄了下来，连我的提琴老师都直夸他抄得好。父亲当时伏案抄琴谱的情景我至今历历在目，他为了让我追求音乐之梦而不辞辛劳，在我心中留下了深刻的印象。

父亲也是一位颇有艺术才华的人，在我们家客厅里悬挂着一幅油画，画面呈现的是一大束装在花瓶里的五彩缤纷的鲜花。父亲虽然没有接受过正规的绘画教育，但是从小在祖父身边耳濡目染，因此他在构思这幅画的时候用了很短暂的时间就已经有了创作这幅画的灵感和构思。用我母亲的话来形容就是，当我父亲在创作这幅画的时候，就像炒菜一样，拿着画笔左一笔、右一笔，然后这点一点、那点一点，很快一幅画就创作完毕了。父亲还在画的右下方留下了“刘海粟二少”的签名，他把“刘海粟”三个字写得很大，“二少”两个字写得很小，很诙谐有趣。

父亲是一位幽默有趣的人，这可能跟他读书涉猎广泛有关。用他的话来说，他是喜欢读闲书。父亲讲，有几本书给他印象十分深刻，其中一本，是他父亲好友傅雷翻译的罗曼·罗兰的《约翰·克利斯朵夫》，他被书中青年主人公历经磨难依然坚持努力奋斗的人生观所感动。还有大仲马的《基督山伯爵》，小仲马的《茶花女》，以及狄更斯的著作。此外，他从祖父那里要了徐志摩的诗和散文，喜欢得不得了，背了十多遍，然后再自己重写，从中找差距来提高自己。父亲晚年对武侠小说情有独钟，我想他一定是非常崇拜消灭邪恶、伸张正义的武侠精神。

这几天，坐在父亲的写字桌前，回忆往事，浮想联翩，很多事情还历历在目，仿佛就像发生在昨天一样。真是时光如梭，弹指一挥间啊！

在今天这个特殊的场合，我想向我的父亲致以真诚的敬意和感谢。他是我生命中最伟大的人之一，他的奉献和慷慨让我受益匪浅，我为有这样一位非凡的父亲而感到自豪。

最后，我要感谢所有在座的嘉宾，谢谢你们来参加父亲诞辰 100 周年活动！感谢学部为举办这次活动所做的奉献！

谢谢！